U0555075

素描茅盾

子夜林铺三人行考蚕

秋收残冬空炮火洗礼

经锻炼霜叶红似二月花

辛卯元旦
李岚清

"百年巨匠"素描 / 李岚清 绘

百年巨匠

Century Masters

茅 盾

李友云 ◎ 著

文物出版社

图书在版编目（ＣＩＰ）数据

茅盾 / 李友云著. —— 北京 ：文物出版社，2021.3
（百年巨匠 / 刘铁巍主编）
ISBN 978-7-5010-6616-2

Ⅰ．①茅… Ⅱ．①李… Ⅲ．①茅盾（1896-1981）－
传记 Ⅳ．①K825.6

中国版本图书馆CIP数据核字(2021)第034324号

百年巨匠·茅 盾

著　者　李友云

总 策 划　刘铁巍　杨京岛
责任编辑　赵　磊　陈博洋
封面设计　子　旆
责任印制　张道奇

出版发行　文物出版社
社　　址　北京市东直门内北小街2号楼
网　　址　http://www.wenwu.com
制版印刷　天津图文方嘉印刷有限公司
经　　销　新华书店
开　　本　710mm×1000mm　1/16
印　　张　14.75
版　　次　2021年3月第1版
印　　次　2021年3月第1次印刷
书　　号　ISBN 978-7- 5010-6616-2
定　　价　59.80元

宣传巨匠推广大师 为时代树立标杆

蔡武

文化部原部长 《百年巨匠》总顾问

　　文化精品创作工程包括重大出版工程、影视精品工程。《百年巨匠》就是跨界融合的一个重大文化工程，它深具创意，立意高远，选题准确、全面，极富特色，内容精彩纷呈，内涵博大精深，基本涵盖了我国20世纪这一特定历史时期在文学艺术方面的成就及其代表人物。它讲述的不仅仅是各位巨匠的传奇人生，更是他们的文学艺术成就同民族、国家，同历史、文化，同当代世界，同20世纪风云激荡的年代，以及同人民的命运都是紧密相连的。他们的成就对整个社会产生了重要而深远的影响。因此，立足21世纪的当今，系统全面科学解读巨匠人生与大师艺术，有着特殊而积极的意义，是社会和时代的要求。

　　作为一个有影响力的文化品牌，《百年巨匠》的表现形式也是多样的。《百年巨匠》丛书和纪录片互动互补，是出版界与影视界的跨界合作与融合发展，形成了叠加影响和联动效应，进一步丰富和扩大了品牌的内涵和外延。在信息社会"四屏"时代，用这样的一种方式来表达重大深刻的主题，具有重大的创新意义，是对中华优秀文化传承发展进行创造性转化、创新性发展的成功探索。体现出强烈的历史感、时代性、民族性，具有鲜明的中国特色，必将产生深远的影响。

一个民族自立于世界民族之林，离不开民族的自信心与自尊心。而民族的自信心和自尊心有其思想基础和人文轨迹，即对民族文化的重要代表人物和优秀传统应当有比较全面的了解并进行广泛传播。一个国家的历史需要记录，文化艺术同样如此。《百年巨匠》丛书秉承文献性、真实性、生动性原则，客观还原大师原貌，以更为宏阔的历史维度对大师们所经历的时代给予不同视角的再现和解读，为读者开启一扇连接 20 世纪中国近现代文化艺术史的大门。

巨匠们的艺术成就、人生经历、精神高度，彰显了中华民族文化在这个时代所能达到的高度，不仅有文学艺术上和文化史上的价值，而且有人文思想美学上的划时代性贡献。《百年巨匠》可以增强我们的文化自信和实现中华民族伟大复兴的意志。

《百年巨匠》还有一个重要意义，它能够激励我们后来人砥砺奋进，勇攀高峰。这些文化艺术巨匠有着深厚的爱国情怀和强烈的民族责任感，他们将个人荣辱兴衰与国家、民族命运联系起来，用文化艺术去改变现实，实现理想。在新旧道德剧烈冲撞中，他们所表现出来的高风亮节是后来人的楷模。他们所传导出的强大正能量，会激励一代又一代广大读者，对促进我们整个民族新一代的教育与成长，有着非常重要的启迪意义。他们的精神是引领和鼓舞我们再出发的航标与风帆。

《百年巨匠》也给了我们很多的启示，可以帮助我们回答和破解"钱学森之问"。20 世纪产生了那么多的大师，新世纪、新时期我们应该如何助推产生出新的大师？这些巨匠的成长轨迹给我们揭示了大师们成长的规律，如要深具家国情怀，要胸怀高远理想；要深深扎根于人民，与人民同呼吸共命运；既继承民族优秀传统文化，又要勇于创新；并以非常包容的心态去拥抱一切文明成果等。

《百年巨匠》仅反映了20世纪百年的文化形态和人文生态，我们应该把这个事业延续下去，面向21世纪。对艺术大师的发掘是通过他们的作品来体现的，而他们的作品既是中华文化的传承，又进一步丰富、创新了中华文化的构成。从这个意义上讲，宣传这些艺术巨匠就是弘扬中华文化。这些艺术巨匠作为中国名片，拥有较强的国际影响力，这一工程的推进，可以有效推动中华文化和中国出版走出去。不仅仅局限于艺术领域，还可以从广度上、外延上扩大至整个文化领域，甚至把科技、教育等领域的巨匠们也挖掘展示出来。

一个国家文化事业的繁荣与发展，既需要广大艺术家的努力，也需要大师巨匠的引领。宣传巨匠，推广大师，为时代树立标杆，无疑是我们责无旁贷的历史责任。巨匠之所以是巨匠，大师之所以能成为大师，是因为他们以具有强烈时代感和创新精神的作品站在了巅峰。而他们巨作的背后，是令人钦佩的工匠精神，这种工匠精神的发掘和弘扬在当下具有重要的现实意义。同时，这百年的文学艺术史已有的众多成果，从学术上也要系统总结。而长期以来一直困扰我们的一大难题，就是如何把这些重要的学术研究成果进行转化和再创造，使之成为可被大众接受、雅俗共赏的精品佳作。从这个意义上讲，《百年巨匠》丛书的出版也是非常值得赞许的。

当前，我们的文化艺术事业虽然取得了长足的进步，但是相对于时代的重任，人民的厚望，尚有作品趋势跟风、原创性匮乏、模仿严重等问题，希冀大家在《百年巨匠》作品中得到更多的启迪和感悟。

我们国家正处在重要的历史时期，为我们文艺创作提供了丰沃的土壤和广阔的空间。中华民族的伟大复兴，呼唤一切有为的文艺工作者，为繁荣中国特色社会主义文化、建设社会主义文化强国，奉献毕生的才华和创作热情，将高度的社会责任感和历史使命感化作文艺创作的巨大动力，创作出无愧于时代、无愧于祖国和人民的优秀文艺作品，让我们这个时代的文艺创作异彩纷呈，光耀世界。

序　言

李友云是一个诗人，也是一个研究者。

他曾随我攻读中国现当代文学硕士生，毕业后曾经凭借诗人的理想奔赴西藏大学中文系任教，随后又随江弱水教授攻读美学博士，目前在浙江越秀外国语学院任教。

中央戏剧学院陈珂教授约我请一个学生来撰写茅盾的个人传记，我想到了李友云。他欣然答应了。

友云全力以赴地收集资料，投入撰写，8 个月过去了，现在这本书摆在我面前，我觉得他出色地完成了这个任务。

茅盾是浙江人，鲁、郭、茅、巴、老、曹，浙江占二。李友云在鲁迅的故乡绍兴任教，他对于鲁迅有着自己的理解。在这本书中，有一些篇章就分析了鲁迅和茅盾的关系。从某种意义上说，理解了鲁迅，也就可以理解茅盾。

友云为了撰写《百年巨匠·茅盾》，专程去茅盾的故乡乌镇考察。本书就是从乌镇开始写起。这个时候就可以看出李友云诗人的本色和博士的扎实功夫，他把乌镇写得非常富有诗意，也把茅盾的童年和少年，梳理得非常清晰。

友云写出了沈雁冰去北京大学预科读书，在上海商务印书馆工作，担任《小说月报》的主编，在文学理论方面做出的贡献。我记得沈雁冰介绍过西方的各种文学，一般认为他是倡导现实主义，其实，早年他曾倡导过新浪漫主义。

友云阐释了茅盾创作《蚀》三部曲、《虹》和《子夜》时的精神状态。应该说，茅盾对于中国现代的小说，尤其是长篇小说的贡献是居功至伟的，他的《子夜》，与其说是受到了托尔斯泰的影响，还不如说更多地借鉴了左拉的长篇小说《金钱》，尤其是关于证券交易所的描写。

友云也分析了茅盾的《林家铺子》和《农村三部曲》的短篇小说的文学成就，尤其是《林家铺子》，经过夏衍改编成电影后，成为中国电影的经典。

在茅盾的个人生活中，友云写出了茅盾和孔德沚的婚姻，他没有回避茅盾和秦德君在日本京都时的同居。

《百年巨匠·茅盾》一书关于茅盾在抗日战争中的描写具有可读性。如关于茅盾撤离香港，他在《我的一生的道路》中有详细的回忆，香港导演根据这些回忆曾经拍摄过一部由何冀平编剧的电影《清风明月》。在此书中，也有充分展现。

茅盾后期的《腐蚀》《锻炼》以及《霜叶红于二月花》等小说的写作过程也表现出来了。在我印象中，这些小说我都是拜读过的。

我本人的出身也是中国现当代文学，因为研究方向是中国话剧，因此把更多的精力都放到了话剧研究上了。

茅盾只写过一个话剧《清明前后》，就是在抗战时期的重庆写的。我记得曾经分析过这个剧本，收入了我主编的《20世纪中国文学典藏·戏剧卷》。

本书写到了茅盾的女儿沈霞因为做人工流产而死亡、女婿在解放战争前线喊话被子弹击中牺牲，表现出茅盾夫妇的内心痛苦，并且认为，这对茅盾后期写作也产生了影响。

茅盾访问苏联，由于茅盾写过两本书，在此书中的描写也非常详细。但是友云也做出了相应的评价。

新中国成立后，茅盾担任十五年的文化部长，各种批判运动，友云也如实地一一写来，写出了茅盾的内心矛盾和痛苦。

关于茅盾在"文化大革命"中"靠边站"，也写得非常仔细，孔德沚的病痛直至死亡也写得非常具体。

茅盾晚年续写《霜叶红于二月花》，尤其是撰写回忆录的过程，也得到展示，甚至写出了茅盾和姚雪垠创作《李自成》的通信长达10万字。

最后友云写出了茅盾将其一生的积蓄25万元捐给作家协会，作为茅盾小说奖。这个奖至今依然是中国当代长篇小说成就的标志。

应该说，《百年巨匠·茅盾》一书，对于茅盾生平和创作的资料，基本占有和掌握了，友云也进行了精到的阐释。曾经有人说茅盾"身后的寂寞"，友云平和地、公允地写出了茅盾的一生。友云是一个非常谦和的人，但内心又极其顽强。

我相信他将不仅会继续写作他的诗歌，也会在文学研究方面结出丰硕的果实。

是为序！

胡志毅

2020 年 11 月 30 日

于浙大紫金港港湾家园

目　录

第一章　童年

茅盾的童年，浸润乌镇文脉水泽，熏染父志慈教，往来鸿儒乡贤之际，穿梭乡俗风情之间，性灵早慧，抱负远大。

故乡·家世

1896 年 7 月 4 日，茅盾出生于著名水乡乌镇。他的曾祖父在梧州税关，燕子特别多，以为祥兆，因取小名燕昌，大名德鸿，字雁冰，"茅盾"是发表小说《幻灭》时开始使用的笔名。

乌镇是中国少有的"枕水人家"，南宋诗人宋柏仁《夜过乌镇》写道：

> 望极模糊古树林，弯弯溪港似难寻；
>
> 荻芦花重霜初下，桑拓阴移月未沉；
>
> 恨别情怀虽恋酒，送衣时节怕闻砧；
>
> 夜行船上山歌意，说尽还家一片心。

今天的乌镇

元朝著名画家赵子昂称乌镇"泽国人烟一聚间，时看华屋出林端"，可以想见当年繁华。茅盾在《大地山河》中回忆家乡时写道：

> 人家的后门外就是河，站在后门口（那就是水阁的门），可以用吊桶打水，午夜梦回，可以听得橹声欸乃，飘然而过。

乌镇位于苏杭嘉湖之间，是吴越文化交汇之地，水路交通便捷，可直

1919年，茅盾祖母高氏在乌镇

达上海、南京。这里既有水乡的风韵，又有发达的商业和灵通的信息，上海的消息儿可同时抵达乌镇。乌镇船文化发达，有乌篷船的江南烟雨，也有各种渡轮、纤道，还有现代小火轮和大型汽轮。茅盾在《春蚕》《秋收》《故乡杂记》《乡村杂景》等小说和散文中多有记叙。

乌镇地处水陆要冲，是两省三府七县交界之地，自古交通便利，商业发达。到清末，乌镇人已经广布上海、杭州、南京等地发展，各地消息也能迅速传回。乌镇文脉流长，历来才人辈出、文人荟萃。简斋读书阁，就是宋朝陈与义和叶懋、僧人洪智唱酬聚首处。明代有著名的"九老会"，清代有编《知不足斋丛书》的鲍廷博、编《桐乡县志》的严辰，近代有主编《快活林》的严独鹤、章太炎夫人汤国梨，续修乌青志的卢鉴泉等。乌镇的文化传统与地方风物交相辉映，构成独具一格的文化景观。这里的桥，不仅造型别致，充满韵味，而且大多数桥的桥柱上都有桥联，多为时人名流所作。桥联景观成了生活中随处可见的文化教科书，浸染并哺

育了乌镇人特有的灵性、识见与气质。这里许多女性都有较高的素养，茅盾母亲就是一位。

深厚的文化底蕴、便利的交通、发达的商业、灵通的消息，在二十世纪中国动荡的大变局中，由于对家乡深沉的情感，和特别敏感的危机意识，乌镇为民族解放和文化建设贡献出许多优秀人才。茅盾的表叔卢鉴泉和茅盾兄弟是其中的佼佼者。

沈家祖上是乌镇近乡农民，后迁至镇上做小买卖，加工经营旱烟生意。茅盾曾祖父沈焕，字芸卿，幼时念过几年私塾，粗通文墨，是八兄弟之长，太平军兵败乌镇后，只身到上海闯荡，在山货行干出一番事业，在乌镇观前街买下四间两进楼房作为住宅，还汇钱在乌镇开了纸店，请人打理。后到汉口经营时看错行情，几近亏空，捐官买了梧州税关监督的职务，三年后告老回乡，又三年病故。茅盾的曾祖母王氏，祖上三代以"训蒙"为业，家设私塾，因此知书识字，独自在家督促孩子学举业。

茅盾祖父亦为长兄，名恩培，字砚耕，有名士风范，中秀才后无心科举，写得一手好字，书法工整圆润，题写过不少匾额和堂楼馆名，替人撰写对联，均不署名，不取润笔，一生享乐自娱。茅盾祖母是离乌镇百里之远高家桥大地主的女儿，颇懂农事。

茅盾父亲沈永锡，字伯修，1872年生，十六岁中秀才，受康有为公车上书的激励，渴望变法图新，成了维新派，坚信只有科学实业才是强国之道。自学钻研数学和科学，买了许多声光化电、西医西药及欧美政治经济制度的新书，刻苦攻读。可惜染上怪病肺痨，中医无法诊治，卧床不起长达三年，于1906年英年早逝，年仅三十四岁。临终立下遗嘱，教二子不做亡国奴，努力学习理工，将来振兴实业，为国富民强而奋斗。沈永锡去世后，茅盾母亲用恭楷写下一副对子：

　　幼诵孔孟之言，长学声光化电，忧国忧家，斯人斯疾，奈何长才未展，死不瞑目；

　　良人亦即良师，十年互勉互励，霆碎春红，百身莫赎，从今誓守遗言，管教双雏。

茅盾表叔卢鉴泉对茅盾影响较大，是茅盾祖父妹妹前室的儿子，与

第一章 童 年

1902年，茅盾父亲沈永锡

茅盾父亲关系亲密，曾一起参加1902年清朝倒数第二次乡试，卢鉴泉名列第九。茅盾一生得到他多方面照顾。

茅盾外祖父陈我如，是江浙一带的名医，晚年留下一本医学著作《内经素问校注新诠》。陈家原籍河南开封，宋朝南渡时迁至乌镇，世代行医，有"自南渡以来，岐黄传世"之称。茅盾外祖母钱氏，祖上开设丝行，因生下两个男孩均早夭，得了失心症，茅盾母亲陈爱珠由姨父母代为教养，跟秀才姨父学读写算，跟姨母学做菜缝纫，念过不少古书，十四岁代母持家，把娘家打理得井井有条后，十九岁嫁给茅盾父亲。出嫁时陪嫁一千多两银子，外加八百银圆填箱，使她未受沈家大家庭经济束缚，将茅盾兄弟培养成人。

茅盾母亲秀外慧中、干练坚强又知书达礼、思想开明，是典型有见识的江南女性，为二十世纪中国民族解放和文化事业贡献了两名卓越的儿子。茅盾和沈泽民是中国共产党全国首批党员，沈泽民曾任中共鄂豫皖苏区省委书记，1933年反击国民党第五次"围剿"时，在频繁的战斗中，患肺病和严重疟疾，仍坚持向中央

1935 年，茅盾母亲陈爱珠 60
岁像（摄于上海）

写报告，提出今后红军作战方针，几天后吐血而死，年仅 34 岁。

为了不拖累孩子们，茅盾母亲晚年坚决住在乌镇，战乱中曾租住上海，1940 年又回乌镇，4 月 17 日忽觉口渴，一口喝下一杯水，顿时气绝，享年六十五岁。去世时，茅盾一家困在新疆，无法奔丧。茅盾内弟孔另境写过一篇有名的文章《一位作家的母亲 —— 记沈老太太》，从中可以窥见这位女性非凡的气度：

这次避难来沪，一个人租了一间房子以后，第一桩事情就是订阅一份日报。我每次去看她，总见她正捧着一份报纸，戴着她的老花镜勉力地在看。一见我走进她的房间，连忙放下报纸和我谈起时事问题来了，从国内谈到国外，有感想也有议论，甚至还评论到报纸的态度。有时碰到实在不能理解的问题，她会留着我去时提出来讨论，往往她的见解十分正确，使我暗暗佩服不置。她的这种热心于时事问题，正可见她的思想之不凡。

1970 年，茅盾写下一首怀母七律，描述了这位女性的人品风骨：

乡党群称女丈夫，含辛茹苦抚双雏。

力排众议遵遗嘱，敢犯家规走险途。

午夜短檠忧国是，秋风落叶哭黄垆。

平生意气多自许，不教儿曹作陋儒。

家风·乡俗

茅盾五岁时，母亲想叫他进自家家塾，父亲不同意。因为家塾先生就是他祖父。茅盾祖父是个自娱自乐的人，身为长房，又是秀才，不得已应付责任，教的都是《三字经》《千家诗》一类老书，经常丢下学生不管，自顾出门听说书或打小麻将去了。茅盾父亲有新思想，与卢鉴泉、沈听蕉都是乌镇最早的维新派。父亲忙于做学问，就由母亲来教，用上海澄衷学堂的新教材《字课图识》，母亲还从《正蒙必读》里摘编，用浅近文言写成《天文歌略》和《地理歌略》，教授稚子。

浙江乌镇茅盾故居（庄焕明摄）

茅盾七岁时，祖父把家塾的责任推给儿子，茅盾便进家塾，由父亲亲自教。父亲十分严格，每天节录四句要他读熟，慢慢加到一天十句。父亲很快病倒了，家塾又由祖父来教，父亲把他送到王彦臣那里学私塾，同学有王彦臣女儿王会悟，后为李达夫人。半年后，卢鉴泉回乡当绅缙，将其祖父卢小菊创办的立志书院改为立志小学，茅盾就成了立志小学的第一批学生。

茅盾童年经历的许多家事，对他的人生和小说创作有很大影响。茅盾祖母娘家是大地主，雇佣许多长工，衣食住都自产自给。茅盾童年时祖母有过一段"重操旧业"的故事，给了他很大乐趣：

> 父亲死后不久，祖母就要养蚕。……先买了一套养蚕的工具，如匾、箪之类。从"收蚁"起，到"上山头"，

茅盾故居观前街全景（庄焕明摄）

茅盾故居前的小河人家（庄焕明摄）

祖母必躬亲其事，亦非她躬亲其事不可。采了茧子两百多斤，可以说是丰收……第二年布种倍之……

　　祖母养蚕时，我尚在镇上读书，春蚕时期，我每日放学就参加养蚕，母亲也不禁。我童年时最有兴趣的事，现在回忆起来还宛在目前，就是养蚕。

三年养蚕亏了本，茅盾祖母又开始养猪，把个拥挤的家搞得大家都不愿意，好歹养了两年，请屠夫宰杀了。茅盾说："看杀猪是我童年又一最感兴趣的事。"这些城里少见的经历，给茅盾增加了关于农村的知识，对他后来小说里描写农村大有帮助。

茅盾童年经历了许多亲人的亡故，以及由此而来的老三房分家、婚丧嫁娶等各种乡俗。他印象最深的是父亲的病亡。他回忆参加城隍会扮演"犯人"替父亲"赎罪"：

　　出城隍会，照例由一队人马在前面鸣锣开道，然后就是各街坊的"抬阁"和"地戏"在喧天锣鼓声中慢慢地依次走过。队伍的中间是一台十六人抬的大轿，里面坐着城隍的木像，面施彩漆，身穿神袍，轿前有"回避""肃静"的大木牌，前呼后拥，十分威风。但是大轿在经过我家旁边的修真观时，却突然锣鼓息声，抬轿的人要一齐跑步，飞速穿过观前的那一段街道。这是有名目的，叫作"抢桥"，因为修真观供奉的是玉皇大帝，城隍是玉帝手下的小官，当然不能大模大样地经过修真观，只能跑步通过。城隍大轿后面，又是"抬阁"和"地戏"，最后就是"犯人"的队伍。"犯人"仍穿家常的衣服，但一律围一条白布裙子，戴一副"手铐"，所谓"手铐"其实是一对手镯，有金的，也有银的，用一根带子系牢，挂在"犯人"的脖子上。

对茅盾兄弟影响最大的，是父亲的"自杀"事件。有一次茅盾执书让卧床的父亲看，父亲突然要茅盾给他拿刀，说要削指甲，年幼的茅盾虽觉诧异，还是照办，好在父亲冷静地想了想，未忍下手。茅盾父亲后来说，明知病不能好，每天花不少钱，还不如省下来教养孩子。临终前，父亲天天对二子讲国家大事，讲日本因明治维新而成强国，反复申说"大丈夫要以天下为己任"，并郑重留下遗嘱，让二子振兴实业，不做亡国奴。茅盾母亲遵照丈夫遗愿，排除一切障碍，终将二子培养成"以天下为己任"的大丈夫。

「我从中学到北京大学，耳所熟闻者，是「书不读秦汉以下，文章以骈文为正宗」。涉猎所及有十三经注疏，先秦诸子、四史、《汉魏六朝百三家集》《昭明文选》《资治通鉴》，《昭明文选》曾通读两遍。至于《九通》，二十四史中其他各史，历代名家诗文集，只是偶然抽阅其中若干章段而已。」

立志·植材

1904 年，茅盾八岁，乡绅卢鉴泉将其祖父卢小菊创办的立志书院改为立志小学，既教国文，又教算学。大门两旁刻着一副对联："先立乎其大，有志者竟成。"第一批学生五六十人，按实际水平，茅盾排在甲班。同班同学最大的二十岁，已经结婚了，茅盾最小。

茅盾国文功底较好。父亲允许他看闲书，他因此获得许多语言的乐趣。茅盾有一次偷看《西游记》：

> 不久，父亲也知道我在偷看"闲书"了，他说："看看闲书，也可'把文理看通'。"就叫母亲把一部石印的《后西游记》给我看，为什么给《后西游记》呢？父亲的用意是如此：为了使得国文长进，小孩子看"闲书"也在所不禁。

立志小学当年的讲堂

卢鉴泉和国文老师沈听蕉都是茅盾父亲的好友，有维新思想，怀抱振兴中华的理想。沈听蕉兼教修身和历史，国文课有引导写文章的《论说入门》，专教写富国强兵之道的论文或史论。学校月月考国文，写一篇史论，郑重其事地发榜，奖赏成绩优秀者。沈听蕉出了题目，先讲解几句，暗示学生怎样立论，怎样从古事论到时事。茅盾的论文思维得到良好训练，很快脱颖而出：

茅盾"小学文课"之一

　　每星期写一篇史论，把我练得有点"老气横秋"了，可是也使我的作文在学校中出了名，月考和期末考试，我都能带点奖品回家。

　　茅盾母亲遵照丈夫遗志，全部心血都倾注在二子学业上，管教极严。听到下课铃声，如果茅盾还没回家，一定要查问为什么迟回，要用裁衣的竹尺打手心。有一次算学先生病了，茅盾急要回家，一个大五六岁的同学拉他玩，他不肯，同学就追，自己却摔倒，膝头和手腕出了点血，拉着茅盾到家里告状。茅盾母亲安慰那个同学，又给他钱去医治，在场的二姑母说了几句讥刺的话，母亲大怒，拉茅盾上楼，关了房门，操起从前家塾中的硬木大戒尺就要打。茅盾怕极了，打开房门就跑，母亲恨声说："你不听管教，我不要你这儿子了。"茅盾回学校请沈听蕉先生替他说情，才算了结。

　　1905年冬，茅盾从立志小学毕业，次年春转入新办的植材高等小学，开始正规、全面的课程学习，课程除了英文和国文，增加了代数、几何、物理、化学，还有音乐、图画和体操课。植材小学校长徐晴梅是茅盾父亲生前好友，思想开明。英文和新增课程的老师，都是中西学堂的高才生，保送到上海、日本进修后再回来任教。

茅盾的绘画技能在这里受到比较正规的培养，学校请了一位六十多岁的老画师，让他们临摹《芥子园画谱》，先生批改画稿，凡认为不对的地方，就赏一红杠，大书"再临一次"。老画师认为："临完一部《芥子园画谱》，不论是梅兰竹菊、山水、翎鸟，都有了门径。"

茅盾也很喜欢音乐课。课本是沈心工编的，古诗词的意境很足。茅盾晚年还能记得当时喜爱的《黄河》第一节歌词：

> 黄河，黄河，出自昆仑山，远从蒙古地，流入长城关，古来多少圣贤，生此河干。长城外，河套边，黄沙白草无人烟，安得十万兵，长驱西北边，饮马乌梁梅，策马乌拉山。

这首歌曲最初见于清末曾志忞编的《教育唱歌集》，沈心工改编过了。悲壮的曲调触动了茅盾，但沈心工只教歌，不讲解。茅盾就请教母亲，顺带知道了白草的典故。

茅盾最感兴趣的还是国文。植材小学每年都有所谓童生会考。那时刚刚废除科举，各地流行类似科举考试的会考。高等小学算童生，中学毕业称秀才，高等学校毕业为举人，京师大学堂毕业就相当进士，还钦赐翰林。童生会考是卢鉴泉主持的《试论富国强兵之道》，茅盾写了四百多字，终之以"大丈夫当以天下为己任"。论文被卢鉴泉加了密圈，批语是：

> 十二岁小儿，能作此语，莫谓祖国无人也。

当时，母亲为让他继续念书受到很大压力，祖母和二姑妈常说他该到纸店做学徒了，卢表叔把论文拿给他祖父看，暗暗助他母亲一臂之力。茅盾当年文章，深受老师赏识。他写的《宋太祖

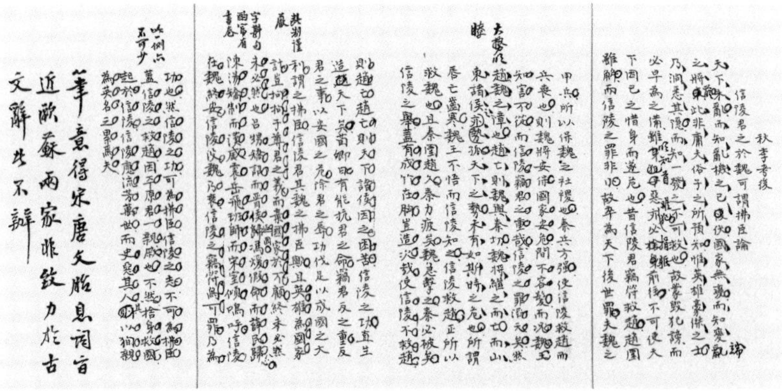

茅盾手稿《信陵君之于魏可谓拂臣论》

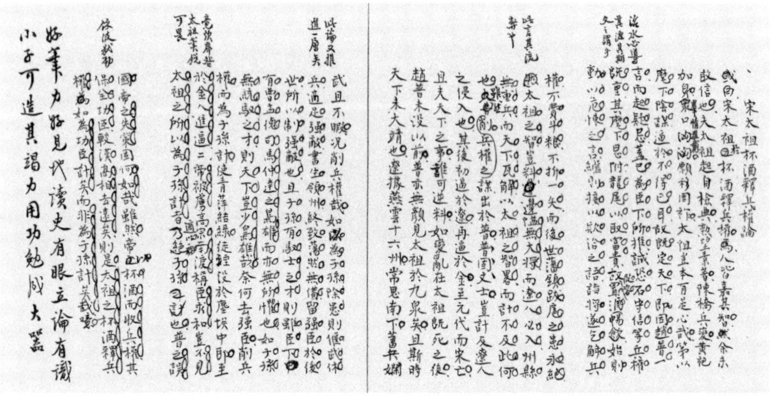

茅盾手稿《宋太祖杯酒释兵权论》

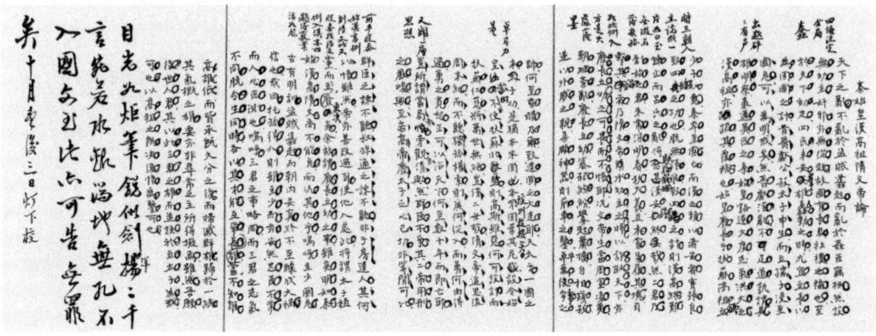

茅盾手稿《秦始皇汉高祖隋文帝论》

杯酒释兵权论》，批语是："好笔力，好见地，读史有眼，立论有识，小子可造，其竭力用功，勉成大器。"《秦始皇汉高祖隋文帝论》评语是："目光如炬，笔锐似剑，洋洋千言，宛若水银泻地，无孔不入。国文至此，亦可告无罪矣。"《信陵君之于魏可谓拂臣论》的评语是："笔意得宋唐文胎息，词旨近欧苏两家，非致力于古文辞者不办。"

茅盾用功也非常有名。每年寒暑假他到外婆家去玩，"经常躲在一间小屋里，看书，写字，绘画，镌刻，专心致志，从不倦怠，有时住了五、六天，邻近的小朋友还不知道"。过于勤奋，以至影响睡眠。他曾患过一次梦游。一天在学校午饭后午休，兀自起身出校，走到家门口才猛然醒来。他母亲判断是睡眠不足所致，从此规定熬夜不超过九点。

植材毕业后，他的人生就启程远航了。

游学湖嘉杭

1909 年冬，茅盾从植材小学毕业。当时只有府里才有中学，乌镇没有。恰好本镇有个费姓亲戚在湖中读书，就一起到百里之遥的湖州，经考试，茅盾在二年级插班。

湖州中学正式校名湖州府中学堂，校后有著名的爱山堂，据说与苏东坡有关，辛亥革命后改为省立第三中学。校长沈谱琴是湖州有名望的大地主、同盟会秘密会员。辛亥革命时，湖州是浙江较早举义旗的府县之一，湖中的学生军起了很大作用。光复后，沈谱琴任湖州军政分府长，在《可爱的故乡》中，茅盾称他为"不为人知的志士"。

沈谱琴办湖中颇有深意，有振兴文化、中西并举之意，还有正式的军事操练。体育课有"走天桥""翻铁杠""枪操""远足"等，娱乐性的足球比赛也很正规。枪操用外国买来的真枪，俗称"洋九响"，可以装九颗子弹，"远足"则是"急行军"。茅盾体弱，年龄又小，除"远足"坚持下来，

湖州府中学堂的校园

其他都失败了。他回忆道：

> 我第一次练习"走天桥"时，……我记着眼朝前看，轻易从天桥的此端走到彼端，待要往回走时，走到一半，不知怎的朝下一看，两腿就发软了，不敢再走了，只好骑在天桥上，挪动身子，慢慢地爬到了彼端。

> 至于翻铁杠，我就无法翻。人家身子一跳，两手就抓住铁杠。我身矮，老师抱我上了杠，老师一松，我又落下来了。

> ……现在是真枪了，我身高还不及枪，……枪不知有几斤重，我提枪上肩，就十分困难。枪上肩后，我就站不稳，教师喊开步走，我才挪动一步，肩上的枪不知怎的就下来了。我只好拖着枪走，真成了"曳兵而走"了。

沈谱琴聘请的教员大都是有学问的人，教员"约20名，著名而为学生敬仰者有钱念劬、沈尹默、俞宗濂，其时国文最重"。有一次，他执晚辈之礼请回湖州暂住的钱念劬先生代理一个月校长，提出应兴应革的方略。钱先生曾在日本、俄国、法国、意大利、荷兰等国做外交官，学贯中西，通晓世界大势。钱先生听遍各教师的讲课，指出讲得不够好的地方。英文教师发音不准受到批评，鼓动国文教师罢教，钱先生就让儿子钱稻孙教英文，弟弟钱夏(玄同)教国文，还亲自批阅学生作文，称茅盾"是将来能为文者"。

湖中还组织学生去南京参观第一届"南洋劝业会"，历时一周。"劝业会"意在招徕有大资产的华侨回国投资，兴办工厂、传授管理工业的经验和技术，为祖国发展工业尽力。两江总督端方和江苏巡抚陈启泰筹备两年，在江宁城内购地七百亩，建造会场，于1910年6月5日正式开幕。茅盾在"劝业会"大开眼界，"这才知道我国地大物博，发展工业前途无限"。最后半天，他到书坊买了部《世说新语》，返途中反复看了几遍，"这才知道历史上曾有这些隽永的小故事"。

茅盾还学会了篆刻。一位高年级同学给他讲解了许多技巧，同学父亲是专业篆刻家。暑假回家，茅盾用坏伞上的钢条，请纸店伙计磨制成刻刀，用父亲遗下的石章，整整刻了一个暑假。

国文老师杨笏斋对茅盾影响深远。他专讲文采性情，先讲《古诗十九首》和左太冲《咏史》、白居易的《慈乌夜啼》《道州民》《有木》八章。又把《庄子》作为最好的古文来讲，说庄子文章"如龙在云中，有时见首，有时忽现全身，夭矫变化，不可猜度"。相比而言，《墨子》简直不知所云，《荀子》《韩非子》之类，文采也逊色不少。茅盾对杨先生的讲解如痴如醉，杨先生对他的才华赏识有加。他用骈体写了一篇《记梦》，熟谙红楼笔法，深得庄周梦蝶意趣，杨先生盛赞不俗。

钱夏代了一个月国文课，教史可法《答清摄政王书》、黄公度《台湾行》、梁启超《横渡太平洋长歌》及《太平天国檄文》，茅盾极觉新鲜，请杨先生也讲些和时事有关的文章，杨先生察知同学们"扫除虏秽、再造河山"的强烈愿望，选讲明末复社首领张溥"兴复古学，务为有用"的《汉魏六朝百三家集》题词。题词都是骈文，杨先生顺便讲解如何写骈文。茅盾因此通览了文学史上璀璨的作品和大家，理解了进步文学传统，领悟到文学创作的奥妙。

寒假回家，他从故书堆找出《昭明文选》，读了一冬。杨先生的"书不读秦汉以下，文章以骈体为正宗"，茅盾直到上大学，都奉为座右铭。

1911年，学校来了个二十多岁的新生，嗓门尖，像女人，专找

茅盾等年龄小的同学玩，调皮的同学说些不堪入耳的话，正值青春敏感期的茅盾，无法专心学业，便冬季转学，随本家亲戚凯叔到嘉兴中学。

嘉兴中学革命氛围很浓。校长方青箱和大部分教员都是革命党，与嘉兴城里的范古农等革命党来往密切，学生剪辫的很多。武昌起义的消息，当天就传到学校，代数教员"指着自修室里的几位未剪辫的同学，包括我在内，用了证方程式的口吻说：'这几根辫子，今年不要再过年了'"。很快上海光复：

　　上海光复的消息促成了提前放假的实现。离校回家的早晨，我听得同学们传说，光复上海的志士们中间有我们的几何教师计仰先。并且听说杭州也光复了，这也有计仰先在内。我到家时的第一句话是：杭州光复了！

第二学期，茅盾的反抗精神就激发出来。老革命党都入了军政界，新学监要整顿校风，自修时间不许学生往来和谈天。茅盾说：

我们觉得"革命虽已成功"，而我们却失去了以前曾经有过的自由。我们当然不服，就和学监捣乱，学监就挂牌子，把捣乱的学生记过，我是其中之一。大考完了之后，我、凯叔和一些同学，游了南湖，在烟雨楼中喝了酒，回校后就找学监质问：凭什么记我们的过？还打碎了布告牌。我不曾喝酒，也不曾打布告牌，然而我在大考时曾把一只死老鼠送给那位学监，并且在封套上题了几句《庄子》。

暑假回家，茅盾就收到被学校"除名"的通知。于是茅盾到杭州，考私立的安定中学，立即就被录取。

安定中学校长是个大商人，他把杭州的好教员都聘来，与杭州中学比赛，以洗刷被呼为铜臭的耻辱。茅盾的国文老师张献之，初涉试场即中秀才，后钟情诗词，拜词人谭复堂为师，为一代"钱塘才子"，徐志摩、郁达夫都是他的学生。张先生教同学们作诗、填词，先教作对子的功夫。常常写了上联，叫同学们作下联，当场就改。一次他在黑板上写下昆明大观楼的一百八十字长联，解释完，叫同学们作一对西湖长联。大家乱凑一阵，始知求长不难，难在一气呵成，天衣无缝。苏小小坟有许多对联，张先生独许一副短联："湖山此地曾埋玉，风月其人可铸金。"寥寥数语，点化虚实相生，借象取义之妙。让茅盾大开眼界。

教文学史的杨老师，培养了茅盾博闻强记的本领，他后来能背《红楼梦》，与这种训练不无关系。杨老师只在黑板上写人名、书名，所讲内容则要学生做笔记。茅盾练习上课默记，再课后默写，竟能记下十之八九。

一年半很快过去。1913年夏，茅盾从安定中学毕业，结束了中学时代。

在北大预科

茅盾中学毕业，对于他今后的求学，茅盾母亲早有计划。关于经费，茅盾外祖母留给她一千两银锭，存在钱庄，已累积到七千元银币，她分成两股给茅盾兄弟，茅盾上大学绰绰有余了。她订阅了上海《申报》，看到北京大学在上海招考预科新生的广告，让茅盾考北京大学。茅盾到上海澄衷学堂参加预科第一类文科考试，《申报》很快刊登了录取名单：

> 等了约一个月，果然刊登出来了，却是沈德鸣，家里猜想鸿鸣字形相近，故而错了。幸而不久，学校来了通知，这才知道我考上了北京大学预科第一类。

1913 年 8 月，茅盾考取北京大学预科时的留影

这是京师大学改名北京大学后首次招收预科生。茅盾打点行装，到上海四叔祖家，和同样考取北大预科的谢砚谷结伴而行。一路上，茅盾看的是《汉魏六朝百三家集》，谢朗诵的是吴梅村和樊樊山。"书不读秦汉以下"的茅盾与书未读秦汉以上的谢砚谷，来了个交流互补。二人进京时，茅盾表叔卢鉴泉派儿子卢桂芳带着两个当差已在车站等着了。

在北大预科，教历史的陈汉章教

授，是俞曲园弟子、章太炎同学。他自编讲义，对康有为《新学伪经考》很不满意，还把外国的声光化电之学，都考证为先秦诸子书中早已有之，并大量引用《墨子》来阐发。茅盾说：

> 我觉得这是牵强附会，曾于某次下课时说了"发思古之幽情，扬大汉之天声"。陈汉章听到了，晚间他派人到译学馆宿舍找我到他家中谈话。他当时的一席话大意如下：他这样做，意在打破现今普遍全国的崇拜西洋妄自菲薄的颓风。

茅盾特别受惠于国文老师沈尹默。沈先生没有讲义，在学问研究方面，只指示研究学术的门径，如何博览，于于学生自己。他示范如何读庄子《天下》篇，荀子《非十二子》篇和韩非子《显学》篇，茅盾回忆当年沈尹默的教学风采：

> 他说先秦诸子各家学说的概况及其互相攻讦之大要，读了这三篇就够了。他要我们课外精读这些子书。他又说《列子》是伪书，其中还有晋人的伪作，但《杨朱》篇却保存了早已失传的"杨朱为我"的学说。

沈先生更关注文学方面。他择取魏文帝《典论·论文》、陆机《文赋》、刘勰《文心雕龙》和章实斋《文史通义》进行讲授。他喜欢黄山谷，课堂上亲自抄示黄山谷的《池口风雨留三日》全诗，但他自己不是江西诗派。他还把自己作的诗抄给同学们看。亲切的举手投足和一传一承，包括他的书法，都深深影响了茅盾。

茅盾的英语也受到非常专业的训练。最初两名外籍老师分别教《艾凡赫》和《鲁滨孙漂流记》，老师直接用英语讲解。第二学期茅盾最感兴趣的外语课来了，他说：

> 最使我高兴的，是新来的美籍教师，据说是美国的什

么师范大学毕业的，年纪不过三十岁。他的教学方法好。他教我们莎士比亚的戏剧，先教了《麦克白》，后又教了《威尼斯商人》和《哈姆莱特》，等等，一学期以后，他就要我们作英文的论文。他不按照一般的英文法先得学写叙述、描写、辩论等的死板规定，而出个题目，让我们自由发挥，第二天交卷。

茅盾出手很快，有位同学请他代作，他连写了两篇。莎士比亚的戏剧对茅盾影响很深，多年以后，他特意写过一部剧本《清明前后》，在重庆演出大获成功，与这时打下的基础不无关系。

再后来袁世凯称帝，不断发行国债。商务印书馆北京分馆的孙经理，巴结茅盾的表叔，希望承印政府发行的公债票。在这样的闹腾中，三年预科很快就结束了。1916 年 7 月，茅盾在北大预科毕业了。茅盾后来回忆说：

> 当我正在准备预科的第三年的最后一天大考时，袁世凯死了。

第三章—安身

「五四」时期，思想走在时代前列的茅盾，却有一桩旧式婚姻。这桩婚姻有着曲折复杂的前定纠葛，却终于一帆风顺，不离不弃，情深意笃，持守一生。

工　作

1918 年初，茅盾在上海

1916 年 8 月，茅盾带着商务印书馆北京分馆经理孙伯恒的介绍信，到上海河南路商务印书馆发行所，拜见总经理张元济，开始长达九年的职业生涯。茅盾母亲在他毕业之前，就请他祖父给卢鉴泉写信，根据他的特长找一份职业，不要入官场或银行。茅盾 7 月毕业回家，8 月就匆匆报到赴职了。

商务印书馆是在张元济斡旋下办起来的中国第一个新式出版机构。茅盾被安排在英文部，批改函授学生英文课卷，月薪二十四元，住编译所四人一间宿舍。他很喜欢大家方言不通必说英语的"怪象"，认为可以提高英语口语。一次，他在同宿舍谢冠生那里看到辞典部发行的《辞源》，感觉有诸多需要改进处，忍不住给张元济写了封信，指出《辞源》条目所引出处有"错认娘家"、只引书名不注篇名等问题，于后学不便；近代社会日产新词,《辞源》所收新名词太少,与英译自称《百科辞典》名实不符。张元济大为赏识,认为让茅盾批改课卷是"用非其材",当天就批交辞典部并送高梦旦核办。茅盾说:

> 我真意想不到,这么一封平常的信,引起那样大的注意。说老实话,这封信我是随便写的,寥寥二百余字。如果我想炫才自荐,可以引经据典,写一两千字呢。

茅盾被调到国文部,与国文部高级编译孙毓修合作译书。孙毓修曾编译外国童话,是中国童话的开山祖师,又首创编译外国少年儿童读物。所谓合译,实为让茅盾替他译,卡本脱的《人如何得衣》,他只译了三四章,自认译笔与众不同,要茅盾帮他译完。茅盾说:

> 原来他所谓"与众不同"者是译文的骈体色彩很显著;我又对照英文原文抽阅几段,原来他是"意译"的,如果把他的译作同林琴南的比较,则林译较好者至少有百分之六十不失原文的面目,而孙译则不能这样说。

茅盾模仿其风格,一个半月即译完,孙很满意,立即付排,问茅盾版权页如何写,茅盾认为这又不是什么文学名著,署名也意义不大,干脆说:"只用你一人的名字就好。"孙又惊又喜地回答:"好,就这样办。"这是茅盾第一本译著《衣》,接着又译了《食》《住》。年底会计通知,下年起月薪三十元。孙毓修替他鸣不平,说人家一年译一本,月薪六七十元,茅盾五个月译了两部半,他自己熬了十年尚止百元。茅盾知他不过是取瑟而歌,意在为自己诉苦。茅盾母亲请卢表叔不要把他弄到官场去,"真料不到这个'知识之府'的编译所也是个变相的官场",他劝止孙毓修:"我没有家庭负担,在此不为利不为名,只贪图涵芬楼藏书丰富,中外古今齐全，借此可读点书而已。"

译完《衣》《食》《住》，孙毓修又让茅盾替他编一本开风气的中国寓言。茅盾欣然同意，因为借此可以系统阅读先秦诸子、两汉经史子部和集部的重要著作。茅盾半年多时间就把《中国寓言初编》编出来了，孙毓修用半个月作了一篇千字骈文长序，可是"寓"和"喻"不分，错谬极多，茅盾以为他写了序和凡例，也不会给自己署名了。结果：

> 真不料书印出来时，版权页上却写"编纂者桐乡沈德鸿，校订者无锡孙毓修"。这叫人啼笑不得，但也只能听之而已。这在别人，或者倒会引以为荣的。

1917 年 7 月，沈泽民中学毕业，想投考河海工程专门学校，茅盾回乌镇带他到上海，再乘火车到南京考试，8 月就接到录取通知。他们的母亲特别高兴，写信让茅盾回家，一起陪沈泽民到南京。茅盾在商务编译所已经稳定，弟弟又考取了全国第一所公路建设和水利类专门学校，将来工作学校负责。茅盾决定利用每年一个月的休假，好好孝敬一下为他们操心十年的妈妈。这次旅行，成了兄弟二人留给母亲最温馨的一段记忆：

> 在南京住了个像样的旅馆，游览了名胜古迹，转眼已四五天，学校快开学了，……母亲叫旅馆茶房来问："南京哪一家菜馆最好？"茶房说有一家北京菜馆。于是我们便到那家菜馆。母亲这次一定要自己付钱，说，这是她奖赏泽民和我的。……母亲想乘长江客轮回上海，她说她还没见过长江。我在航行于汉口到上海的三四千吨的豪华的大客轮订了个官舱。船启碇后，我扶着母亲在甲板上散步。她遥望江天，忽然有感触，对我说：你父亲一

生只到过杭州，我今天见的世面比他多了。

两周旅行结束，茅盾的工作发生了变化。编辑《学生杂志》的朱元善，点名要茅盾助编。孙毓修借口还要茅盾编《中国寓言续编》，不肯放人。结果，两面平分，茅盾半天帮孙毓修，半天帮朱元善。其实孙毓修是让茅盾为他编写儿童读物，从外国童话和中国传奇中选一些故事，用白话文改写。茅盾陆续编写了二十七篇童话，分编成十七册，收入商务印书馆《童话第一集》。

朱元善"是商务几个主编杂志的人中对外界舆论最敏感的一个。他虽不学无术，但善观风色，而且勇于趋时"。朱元善订了许多适合中学生阅读的杂志，其中有陈独秀编的《青年杂志》。1917年《青年杂志》改名《新青年》，发表了胡适《文学改良刍议》、陈独秀《文学革命论》，朱元善想以《学生杂志》试验改革，请茅盾为他写有《新青年》风格的社论。茅盾写了生平第一篇正式发表的论文《学生与社会》，大胆发表意见，谴责我国古训"皆不啻为奴隶道德四字作

发表在《学生杂志》上的《学生与社会》

发表在《学生杂志》上的《托尔斯泰与今日之俄罗斯》

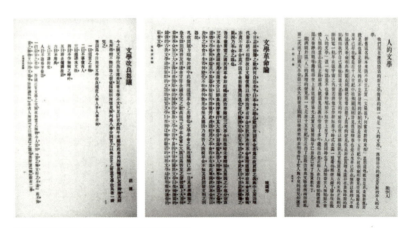

《新青年》影响"五四"文学的重要文章

注解"，而"刘氏定鼎，海内统一，儒家者流，依附君主权力，攘斥百家，以自尊重，而学术上遂有主奴之别，学问之道狭矣"。文末对学生提出一个总要求：

> 学生时代，精神当活泼，而处事不可不慎。处世宜乐观，而于一己之品行学问，不可自满。有担当宇宙之志，而不可先事骄矜，蔑视他人，尤须有自主心，以造成高尚之人格，切用之学问。有奋斗力以战退恶运，以建设新业。

朱元善很中意，认为可使《学生杂志》面目一新，请茅盾再写《一九一八年之学生》，茅盾更进一步，议论时政，呼吁学生要"幡然觉悟，革心洗肠，投袂以起"，有"革新思想""创造文明"和"奋斗主义"。茅盾说："那时候我主张的新思想只是'个性之解放''人格之独立'等资产阶级民主主义的东西，还不是马克思主义。"之后茅盾和沈泽民又为《学生杂志》翻译了许多科学小说。

1919年，随着五四运动爆发，茅盾进入第一个写作高峰期，翻译和介绍了大量的外国文学作品，写了介绍托尔斯泰和萧伯纳文学思想及其对世界潮流影响的文章，用白话翻译契诃夫《在家里》《卖诽谤者》等十多

"五四"时期的茅盾

31

篇短篇小说和剧本，登在《学灯》上；写了《近代戏剧家传》在《学生杂志》连载；还受《时事新报》主编张东荪之请，为《解放与改造》写了介绍尼采的文章、翻译了梅特林克的戏剧《丁泰琪之死》等。

茅盾视野开阔，思想活跃，写稿迅速，不断向《新青年》《学灯》《解放与改造》和商务的《东方杂志》投稿，成为"五四"早期多产而有影响力的青年作者，受到《新青年》陈独秀、李大钊等同人关注。茅盾也成了编译所的多面手，紧急文章都来找他，既能应急还很出色。1919 年初，他已得到商务当局高度肯定，月薪增至五十元，加上每月四十元左右的稿费，工作顺利，衣食无忧。

婚　姻

1916 年底，茅盾过春节回家，母亲问明他没有女朋友后，开口说"女家又来催了"，打算第二年春节就给他办喜事。这女家，是茅盾祖父在他五岁时给他定亲的孔家。一次，茅盾祖父带他到钱春江的南货店，孔繁林也抱了孙女来，闲谈之际，一对小儿女玩耍开了。钱春江说，你们两家本是世交，又门当户对，不如定亲吧。两人相视一笑就同意了。祖父回家告知父亲，父亲也同意。母亲不乐意了，觉得两边都小，长大如何难以预料。茅盾父亲本是开明人士，答应定亲，却有一番原委：

> 他自己在和陈家定亲以前，媒人曾持孔繁林女儿的庚帖来说亲，不料请镇上有名的星相家排八字，竟说女的克夫，因此不成。不料那女儿听说自己命中克夫，觉得永远嫁不出去了，心头恒结，不久成病，终于逝世。父亲为此，觉得欠了一笔债似的，所以不愿拒绝这次的婚姻。

定亲后，茅盾父亲请媒人告诉孔家，不要缠足，要教女孩识字。偏偏女孩父母很守旧，认为"女子

1918 年，茅盾母亲陈爱珠摄于乌镇

1918 年，茅盾母亲陈爱珠与孔德沚在乌镇家中

无才便是德"，不让她读书，连个小名都没有，缠足半年后还要继续。幸好女孩大姨看不过去，给她放了足。茅盾母亲很为难，认为他娶个不识字的老婆总不相称，但要退亲就得打官司。茅盾觉得无所谓，说自己正全神贯注在事业上，结婚之后，可以让母亲教她识字读书。茅盾母亲就搬出观前街老屋，租住四叔祖在北巷的余屋，那里人少屋多，极为清静，适合办喜事。1918 年春节过后，茅盾结婚，发现新娘子既灵秀又不拘谨。三朝回门，新娘子同父母吵了一架：

　　　　她说，她恨自己的父母，"沈家早就多次要我读书，
你们为什么不让我读书，女婿和婆婆都是读过许多书的，
我在沈家像个乡下人，你们耽误我一生一世了"。

茅盾母亲觉得新娘子上进，亲自教她读书识字。把她认作女儿，让茅盾按沈家辈分给她取名。茅盾属"德"字辈，后面加个水字旁，便给她取名"德沚"，新婚就变成教孔德沚识字了。婚后半月，茅盾要回上海，孔德沚一个人留在乌镇读书学习，总是心神不宁，母亲决定让她进学校。石门湾丰子恺的长姊在办振华女校，是茅盾二婶娘家亲戚，孔德沚就到振华女校，果然很专心，暑假回家时，已能看浅近文言，写达意的短信，一年半后回家自修。母亲

私下对茅盾说："看来德沚一人在家，总觉得寂寞，不如早搬家到上海罢。"

茅盾当时正主编《小说月报》，脱不开身，1921 年才托人找到房子一起生活。到上海后，孔德沚进爱国女校读书，勉力用功，虽然紧张，却能跟上，终于从封建家庭的文盲变成了知识女性，连孙夫人都喜欢她。后来鲁迅先生葬礼期间，孔德沚的任务就是陪伴孙夫人。

婚姻给了孔德沚第二次人生，使她成长为一个真正有价值的"人"。孔德沚成长为知识女性的经历及其交往，是茅盾人生的巨大财富。他的求学生涯和工作环境，都是男性世界，对青年女性的接触和了解，主要途径就是孔德沚的交往。茅盾的《虹》《幻灭》《动摇》等小说中的女性，很多就是从孔德沚的朋友中提炼出来的。孔德沚性格开朗，结识的很多知识女性都成终生朋友，常相走动。"五四"时期，作为人性觉醒重要议题的妇女解放，知识女性的成长及其与时代命运的重大关系，是后来茅盾小说中的重要部分。孔德沚在振华女校读书时，同班生都比她小，"只有两个十六七岁的大姑娘和她要好，这就是张梧（琴秋）和谭琴仙（勤先）。张琴秋后来与泽民结婚，

1921 年春，茅盾与夫人孔德沚在上海寓所

谭琴仙是 1927 年在武昌的中央军事政治学校女生队的队员"。

孔德沚对茅盾的回报无以复加，对茅盾一生的照顾令人感动。茅盾曾记下她听到沈泽民去世后的感人一幕：

> 德沚听到这消息，眼泪就泉涌般地流出来，"假的，假的，谣言！"她说。突然她问："琴秋呢？"我告诉她，琴秋随部队走了，不在鄂豫皖。"这怎么可以呢！"她叫道，"她为什么不留在身边照顾他？"我解释道，这大概是革命工作的需要。德沚根本听不进，又叫道："难道留在鄂豫皖就不算革命工作的需要？"……这件事显然对德沚的刺激很深，后来在抗战的动乱年月中，不论发生了什么变故，她都坚持跟随我一起行动，以尽其"保镖"的责任。

这是茅盾晚年发自肺腑的真情流露。四十年代，茅盾到香港和重庆，即使将两个孩子留在延安，孔德沚也紧随茅盾，1941 年香港战争爆发，她几乎是用性命保护茅盾回到内地。

茅盾从求学到工作再到婚姻，基本是在母亲的安排下，才得以一帆风顺。既已安身，立命的问题就迫在眉睫了。

第四章 — 新锐

「我敢代表国内有志文学的人宣言：我们的最终目的是要在世界文学中争个地位，并做出我们民族对于将来文明的贡献。」

《小说月报》改革

　　1919年初，基本生活得到保障的茅盾，自嘲不过是在商务"打杂"。为了追求内心深处的人生理想，他花钱请宿舍茶房的经理福生帮忙，在宿舍大门内侧开辟一间单人房，专心读书写文章，做点自己想做的事。孙毓修被派到南京查核善本，点名要茅盾协助。到南京后，茅盾抽空去看弟弟，沈泽民已深受五四运动影响，对政治和文学产生强烈兴趣，与张闻天发起成立少年中国学会南京分会。茅盾那时复校《四部丛书》的摄影底片，每天两三百张，忙得不知何时有个尽头，突然王莼农来请茅盾为《小说月报》开辟"小说新潮"栏目。原来，为顺应五四运动后风起云涌的全国新思潮，商务当局给王莼农施压，要他走革新的路子。得知王莼农只想"半革新"应付上面，茅盾不愿意，但商务上下都已商量好，他才勉强同意。

　　王莼农编的《小说月报》一直是"礼拜六派"的园地，登载情节离奇、描写男女关系的"艳情、奇情、苦情"等旧文人趣味的小说。他所谓"半革新"，既不想得罪礼拜六派，又

1919年，茅盾（后）与弟弟沈泽民在乌镇

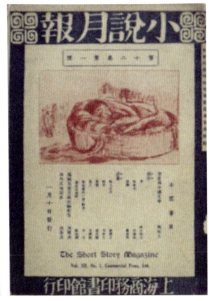

茅盾全面革新的《小说月报》第一期

想通过"小说新潮"栏目跟上时代思潮。

1920年1月第一期"小说新潮"栏目，茅盾写的文章，都是提倡文学要激发人生，改良社会，振兴国家，反对把文学作为旧文人趣味的消遣；王莼农发排周瘦鹃译的"新潮"作品《畸人》，仍是典型的"奇情加苦情"小说。这就形成啼笑皆非的局面。"冶新旧于一炉"的"半改革"，终于"两面不讨好"，得罪了"礼拜六派"，又未能取悦于思想觉悟的青年，结果销量大跌，"到第十号时，只印两千册"，王莼农只好辞职。

11月底，高梦旦请茅盾接手主编《小说月报》和《妇女杂志》，他婉拒了《妇女杂志》，全力以赴革新《小说月报》。他汲取"半改革"的教训，提出三条要求，为主编《小说月报》争得了思想上的独立自主权：

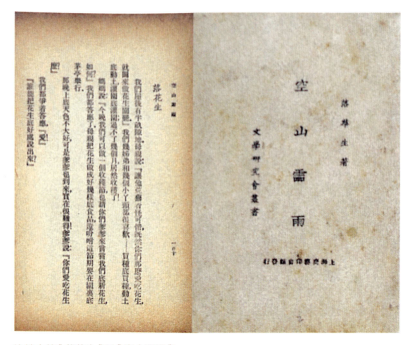

许地山的《落花生》及《空山灵雨》

　　我向高梦旦提出意见，一是现存稿子（包括林译）都不能用，二是全部改用五号字（原来的《小说月报》全是四号字），三是馆方应当给我全权办事，不能干涉我的编辑方针。高梦旦与陈慎侯用福建话交谈以后，对我的三条意见全部接受，只是提醒我：明年一月号的稿子，两星期后必须开始发排，四十天内结束，一月号才能准期出版。

　　时间紧迫！论文和翻译，茅盾可以保证，但要改革《小说月报》，必须有新意的文学作品支撑。刚好第十一卷第十号上，王剑三《湖中的夜月》风格新颖。茅盾便给他写信，告知即将完全革新《小说月报》，请他支持。不料这封信成了茅盾文学人生中的巧遇：

　　我当时不知道王剑三就是王统照。我发了快信，不多几天，却得了郑振铎的来信，大意说他和王剑三是好朋友，我的信他和他的朋友们都看到了，大家愿意供给稿子，并说他们正想组织一个团体，名为"文学研究会"，发起人为周作人等，邀我参加云云。

　　自鲁迅发表《狂人日记》等名篇以来，小说已在现代文学中取得了一定的地位，许多新小说作者却苦于没有集中发表的全国性文学刊物。活动能力极强的郑振铎与这些作家联系紧密，希望促成此事。1920 年 10 月，郑振铎就与商务高层张元济和高梦旦多次商议未果，却因为茅盾主编《小说月报》的机缘，促成了文学研究会的成立，成就了现代文学史上浓墨重彩的一段佳话。

　　郑振铎很快寄来冰心、叶绍钧、许地山、瞿世英、王统照的小说，加上收到的两篇投稿，创作栏足有七篇，第一期完全革新的《小说月报》顺利出版。这一期还有茅盾的《改革宣言》《文学与人的关系及中国古来对于文学者身份的误认》，周作人的《圣书

1921 年 1 月，革新后的《小说月报》上刊登茅盾撰写的《改革宣言》

与中国文学》，茅盾翻译的话剧《新结婚的一对》，以及耿济之等人的译文，加上《海外文坛消息》六则，一开始就形成"百家争鸣"的局面。

《小说月报》第一期引起强烈反响，深受文艺界好评，五千册很快售罄。第二期印七千册。到这一卷末期，已印一万，是王莼农辞职时的五倍。《小说月报》培养了一大批青年作家，一定规模地显示了"五四"之后的文学实绩，团结了全国各地的新文学群体，使新文学阵营空前壮大。

不到一年，茅盾因商务当局干涉他的编辑方针，提出辞职，后经挽留，勉强答应"再试一年"。到 1922 年 12 月，"我编了两年《小说月报》后，即因商务当局违背了上述我所提出的'不干涉我的编辑方针'而辞职"。但茅盾主编《小说月报》在文学史上的功绩，不可磨灭。叶圣陶在《略谈雁冰兄的文学工作》中评价道：

> 我不说革新以后的《小说月报》怎样了不起，我只说自从《小说月报》革新以后，我国才有正式的文学杂志，而《小说月报》革新是雁冰兄的劳绩。

文学研究会树旗

1920 年 11 月，茅盾接手全面革新《小说月报》，与在京的郑振铎取得了联系。原本有意组织一个团体的作家们，成立了"文学研究会"。12 月中旬，郑振铎寄来文学研究会的宣言、简章、发起人名单，"刚刚赶上十二卷第一期最后一批发稿，就以'附录'形式全部刊出"，茅盾在已经排版的《本月刊特别启事》中临时加上一段：

> 本刊明年起更改体例，文学研究会诸先生允担任撰

1921 年 3 月，文学研究会成员在上海半淞园聚会
左起：沈泽民、郑振铎、茅盾、叶圣陶

著，敬列诸先生之台名如下：周作人、瞿世英、叶绍钧、耿济之、蒋百里、郭梦良、许地山、郭绍虞、冰心女士、郑振铎、明心、庐隐女士、孙伏园、王统照、沈雁冰。

郑振铎寄来的发起人名单只有十二位，不包括冰心、庐隐和明心。十二人中只茅盾在上海，其余都在北京，茅盾与大部分人都不认识，他心中的"文学研究会"就是作者队伍，外间遂称《小说月报》为文学研究会的代用机关刊物，这是误解。茅盾说：

> 改革后的《小说月报》一开始就自己说明它并非同人杂志。它只是出版商的刊物。我任主编也是在演"独角戏"，稿件去取，只我一人负责。事实上，所谓"小说月报社"只是我和一个校对而已。

文学研究会确有大部分人主张"为人生的艺术"，但宣言及简章中并无半句提倡"为人生的艺术"，也没打出什么旗号作为会员们思想、行动上的共同目标和倾向，只明确反对把文学当作游戏或消遣的旧文学。

文学研究会只是相当松散的团体，把治文学为终身事业的人们联系起来，在全国性文学刊物《小说月报》上，集结新文学力量，展示新小说实力。周作人起草的宣言是经鲁迅看过的。北洋政府文官法禁止各部官员参加社团，鲁迅任教育部金事，就没出现在名单中，他后来创作《端午节》《社戏》并翻译《工人惠绥略夫》支持

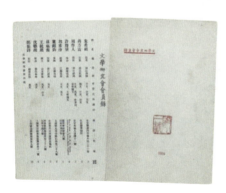

文学研究会会员录

文学研究会丛书部分作品

《小说月报》。茅盾与鲁迅通信，虽未谋面，却建立了很深的友谊。

真正使文学研究会这个松散的团体载入史册的，是茅盾为坚持《文学研究会宣言》进行的著名论争。论争从两面进行，一面提倡健康的新文学，反对旧文学中的颓败气息；一面探讨新文学需要解决的问题，提倡新文学的团结和学理性讨论，反对宗派主义与意气用事。两面都从时代使命出发，与他"以天下为己任"的志向一致。茅盾回顾道：

> 一九二二年，我和其他文学研究会在上海的成员，不得不同时应付三方面的论战。此所谓三方面：一是鸳鸯蝴蝶派，这原是意料中的事；二是创造社，这却是十二分的意外，是我以及当时在上海的文学研究会同人所极不愿意，是被迫而战的；三是南京的学衡派，这也是意外，但我以及文学研究会在上海的同人都认为这些留学欧美回来的东南大学的教授们向新文学的进攻，必须予以坚决的还击。

茅盾非常理性地对待这三场论争，不同的对象，采取不同的策略。

与礼拜六派的论战，茅盾区别对待鸳鸯蝴蝶派，"五四"以前的鸳鸯蝴蝶派即礼拜六派，是批评对象；但"五四"以后，这一派中有不少人"赶潮流"了，不再老是某生某女，而居然写家庭冲突，甚至写劳动人民的悲惨生活了，这类作家是有时代意识的。但礼拜六派也开始"赶潮流"，不过仍是新瓶装旧酒，足以迷惑一般的小市民，故而其毒害性更大。因此茅盾对礼拜六派的批评不遗余力，最终大获全胜。

茅盾同时展开对礼拜六派和商务当局的斗争。1921年7月，编译所所长高梦旦自感力不从心，欲请胡适主持，胡适考察后未来，却推荐他的老师、礼拜六派的强硬支持者王云五以自代。11月，高梦旦辞去所长之职，王云五带着几个耳目到商务编译所接任。这年7月，茅盾发表《自然主义与中国现代小说》，正面批判了礼拜六派。

王云五与商务当局保守派串通，对茅盾施加压力，借口他的文章提到《礼拜六》杂志，说什么风闻《礼拜六》将提出诉讼，告《小说月报》破坏它的名誉，要茅盾在《小说月报》撰文向《礼拜六》道歉。茅盾当然不答应：

> 我断然拒绝，……我对王云五派来对我施加压力的那个人说：我要把这件事原原本本，包括商务的态度，用公开信的形式，登在《新青年》以及上海、北京四大副刊上，唤起全国的舆论，看"礼拜六派"还敢不敢打官司。这一下，可把王云五派来的走狗吓坏了，他连说，"不可闹大"，就灰溜溜走了。

王云五仍不死心，对《小说月报》发排的稿子实行检查，茅盾强烈抗议，斥责商务背约，要求馆方取消内部检查，否则辞职。

王云五允辞，让茅盾主编《小说月报》至1922年底，又怕茅盾"离了商务另办一个杂志"，坚决挽留。茅盾实在不想再留，陈独秀劝他留下，方便继续作党的秘密联络人，他才没有离开。

后面几期，茅盾提出不得进行内部检查，否则公开揭发商务的背信弃义及其反对新文学的顽固态度。王云五无奈，只得同意。茅盾因此放开

1922年，茅盾在上海

手脚，痛快淋漓地批评礼拜六派。1922年11月的《小说月报》，茅盾连写《真有代表旧文化旧文艺的作品么？》《反动？》，并在社评栏内连发两篇正面抨击礼拜六派的社评，掷地有声地揭露礼拜六派的庸俗趣味对中国国民的毒害。

不料王云五竟隐瞒欺骗茅盾，要走两篇文章，秘密地操作起《小说世界》，用茅盾的文章作招牌，却把以前封存的"礼拜六派"稿件和林琴南译稿都用上，文学界为之震惊。鲁迅撰文说："我不知道他们用的什么方法，到底使书店老板将编辑《小说月报》的一个文学研究会会员撤换，还出了《小说世界》，去流布他们的文章。"茅盾在《时事新报·学灯》上，"把此等黑暗伎俩暴露于光天化日之下"。与"礼拜六派"及商务顽固派的斗争，茅盾从未屈服，取得决定性胜利。

对学衡派，茅盾认为他们"反对新文学，提倡复古，是当时的时代思潮中的一股逆流"。南京东南大学的胡先骕、梅光迪、吴宓等人，1921年开始出版《学衡杂志》，他们反对文学进化论，

主张模仿古人，言文不可合一，反对白话代替文言。他们标榜"国粹"，攻击白话文和新文化运动，却又镀上一层西洋的金装。这与"五四"反对封建礼教对思想的禁锢，进行思想启蒙的宗旨背道而驰。

为了反击他们对白话文的进攻。茅盾写了《文学界的反动运动》《四面八方的反对白话声》《进一步退两步》等文章，指出"他们忘记自己所钦仰的英美文学大家原来都是用白话做文章的"，号召"新文学界须成立一个扑灭反动势力的联合战线"，"文学界不可忘了自己的历史的使命 —— 白话运动的普遍的宣传与根基"。沈泽民、郑振铎和创造社的成仿吾、郭沫若等也纷纷撰文，加入对学衡派的声讨。结果，学衡派在内行面前闹出许多笑话，他们与时代新思潮唱反调，也在新文学工作者的反击下，终于噤若寒蝉，不再妄议。

与创造社的论战，茅盾认为：

> 我们所争的是：作品是作家主观思想意识的表现呢，还是社会生活的反映？创作是无目的无功利的，还是要为人生为社会服务？我们认为，文学研究会和创造社是一条路上走的人，应当互相扶助，互相容忍；但是，创造社却先说文学研究会"垄断文坛"，以打擂台的姿势出现，文学研究会在上海的会员也就被迫而应战。

文学研究会的宗旨是团结新文学力量，最初力争与创造社成员合作。郭沫若《女神之再生》发表时，茅盾在《文学旬刊》上写了一则介绍，称"对于郭君此篇我不能不佩服为'空谷足音'"。文学研究会发起时，郑振铎写信给田汉，邀他和郭沫若加入发起人之列，田汉没有答复。1921 年 5 月，茅盾与郑振铎听说郭沫若到了上海，当面请他加入，被拒绝了，理由是田汉没有合作的意思，他加入对不起朋友。郭沫若 6 月到日本，7 月初就在东京成立了创造社。万没料到，双方在 1922 年开始了长达三年的论战。

茅盾反省自己的原因，一是在与"礼拜六派"的论战中，可能"误伤"到创造社。二是 1922 年 2 月，茅盾评论郁达夫《沉沦》和鲁迅《阿Q正传》，表示对《沉沦》

1923 年, 茅盾在上海

不够满意，而认为《阿Q正传》是一部杰作。茅盾当时是有巨大影响的文学批评家，《小说月报》又是当时最大的全国性文学刊物，这些言论必然引起极大关注，造成广泛影响。1922 年 5 月《创造季刊》创刊号即表达了对茅盾文章的不满。郁达夫《艺文私见》说中国"现在那些在新闻杂志上主持文艺的假批评家"，不能理解天才的作品，结果打压天才，是"伏在明珠上面的木斗"。郭沫若《海外归鸿》说"我国的批评家 —— 或许可以说是没有 —— 也太无聊党同伐异的劣等精神，和卑陋的政客者流不相上下"。茅盾和郑振铎深感委屈：

> 一年来我们努力提倡新文学、反对鸳鸯蝴蝶派，介绍外国进步文艺，结果却落得个"党同伐异"和压制"天才"的罪名，实在使人不能心服。而且，直到此时，无论《小说月报》或《文学旬刊》都没有收到创造社诸公来稿而被"压制"。那时我们都是二十来岁的青年，血气方

刚，受不得委屈，也就站起来答辩。

接下来双方开始从理论上探讨并陈说各自的文学观，在"为人生的艺术"与"为艺术的艺术"之间深入论辩，这对认清新文学发展过程的问题，是有意义的。此后，还有关于翻译问题的探讨，促使大家认真对待文学翻译。由于双方都是有才华的作家，论争过程显得曲折漫长。1924年，茅盾和郑振铎在《文学》周报上对郭沫若的长信作出答复：

> 本刊同人与笔墨周旋，素限于学理范围以内，凡涉于事实方面，同人皆不愿置辩，待第三者自取证于事实。今后郭君及成君等如以学理相质，我们自当执笔周旋，但若仍旧羌无佐证谩骂快意，我们敬谢不敏，不再回答。

由于挂出"免战牌"，持续三年的这场文学观念之争才结束。最后回归到学理范围以内，消除意气成见，各自检省，相互尊重创作个性与自由，使双方对文学的理解都更开阔，对新文学的发展具有积极意义。

短短两年，茅盾作为文学新锐，在中国文坛脱颖而出。他凭借自己的才华、勇气与智慧，锐意革新《小说月报》，阐发文学见解，培养文学青年，团结并壮大了新文学队伍；擎起文学研究会的大旗，同"礼拜六派"和商务当局的守旧势力展开坚定不移的斗争，同学衡派的复古思潮展开论战，和同一阵营的创造社对新文学面临的问题展开论争与探讨，充分展示了锐不可当的时代精神，为"五四"新文学的发展开辟了更宽广的道路。

第五章 — 社运

从1920年加入上海共产主义小组，到1927年大革命失败转入地下，茅盾怀抱革命理想和热忱，按党中央的要求和指示，出色完成了党交给的各项工作。这些社会运动与人生经验，后来都融入了他的小说。

共产主义小组活动

　　1920 年初，陈独秀在李大钊的帮助下，辗转来到上海。陈独秀约陈望道、李汉俊、李达和茅盾到其寓所，商谈筹备出版《新青年》。茅盾第一次会见陈独秀，对他的随和产生了愉快印象。5 月，《新青年》八卷一号出版。7 月，上海共产主义小组成立。10 月，李达和李汉俊介绍茅盾加入共产主义小组，茅盾翻译了美国共产党中央执行委员会发布的《共产主义是什么意思》《美国共产党党纲》《美国共产党宣言》等文，开始接触和了解共产主义。

　　茅盾运用阶级斗争的观点，为党刊《共产党》写了《自治运动与社会革命》。他还翻译了《共产党的出发点》和列宁的《国家与

1920 年 7 月，茅盾（左）、张闻天（中）、沈泽民（右）在上海

革命》第一章。当时共产主义小组的任务非常繁重，各种使命与社会活动，茅盾都付出了巨大努力，他还有个特殊任务：

> 党中央因为我在商务印书馆编辑《小说月报》是个很好的掩护，就派我为直属中央的联络员。外地给中央的信件邮寄给我，外封面写我的名字，另有内封则写"锺英"（中央之谐音），我则每日汇总送到中央。外地有人来上海找中央，也先来找我，对过暗号后，我问明来人住什么旅馆，就叫他回去静候，我则把来人姓名住址报告中央。因此，我就必须每日都到商务编译所办公，为的是怕外地人来找我的两不相值。

上海共产主义小组每周在陈独秀家开一次支部会议，从晚八时到十一时，讨论发展党员、发展工人运动、加强学习马克思主义。茅盾会后回家，早则深夜十二点，迟则凌晨一时。每周还有一次学习会，李达和杨明斋讲解，大家讨论。1921年2月渔阳里二号被法捕房查抄，支部会议随时转换地点，有时在茅盾家举行。茅盾母亲担心他不务正业，严厉要求他租房子，把孔德沚接到上海。5月底，沈泽民和张闻天退学到上海，沈泽民在茅盾家的支部会议上正式入党。

1921年冬，徐梅坤肩负组织上海印刷工人工会的使命，找茅盾协助开展工作。茅盾主编《小说月报》，和排字、拼版工人很熟，便把他们介绍给徐梅坤，在工人中发展党员。茅盾发展编译所同事董亦湘等入党。1922年5月1日，徐梅坤、董亦湘和茅盾在北四川路尚贤堂对面空地，召开纪念"五一"劳动节群众大会。

1921年底，党中央开办平民女学，以半工半读为号召，旨在培养妇运工作者。全校不过二三十人，主课是妇女运动，也教文学、英语等。茅盾与陈独秀、陈望道、邵力子、沈泽民等都要义务讲课。茅盾教英文的短篇小说，学生中有从湖南来的王剑虹、王一知和蒋冰之（丁玲）。

1922年党办第二所学校上海大学。以办学发财的私立东南高等师范学校，学费极高，广告宣传陈望道、邵力子、陈独秀等名人学者执教。学生到校不见名人，团结起来赶走校长，收回学费，找到党部请党办校。党请于右任挂名校长，实际办事都是共产党员。1923年，邓中夏任上海大学总务长，瞿秋白也来讲课，茅盾在中国文学系教小说研究，在英国文学系讲希腊神话。茅盾内弟孔令俊（笔名孔另境）与戴望舒、施蛰存也到这里读书，后来都成为卓有才华的作家。

1923年7月，国共合作开始了，各地共产党员以个人身份参加国民党，成立上海地方兼区执行委员会，茅盾被选为国民运动委员会委员长，任务是与国民党员合作，发动社会上各阶层进步力量参加革命工作，限期使上海全体党员加入国民党。执委会每周一会，遇要事就天天开会。8月5日执委会第六次会议上，茅盾首次见到指导工作的中央委员毛泽东。会议决定派茅盾联系上海工商界知名人士设法救援在狱同志；由茅盾领导的国民运动委员会负责，在上海、杭州发动反对军阀内战的运动，密令金佛庄设法保存实力，相机作反战宣传；劳委会和劳动组合书记部合并，由茅盾统一负责上海的工人运动。

9月，茅盾担任执委会秘书兼会计，与向警予一起负责妇女运动方面的工作。11月，孙中山发表国民党改组宣言，实行联俄、联共、扶助农工三大政策。12月25日，陈独秀向全党发布"通告"，紧急指令"同志们立即全体加入"国民党，"合组国民党改组委员会，以主持目前所应进行诸事"，并积极选派代表参加国民党第一次代表大会。

1924 年初，改组后的国民党上海执行部成立，管理江浙徽皖四省的党务机构。各部部长由国民党官员挂名，真正办事的是担任各部秘书及助理的共产党员。1 月 13 日，中共上海执委会选出五位执行委员，茅盾任秘书兼会计。3 月 26 日，因被邵力子拉去编《民国日报》副刊《社会写真》，茅盾向执委会辞职。

茅盾接编《社会写真》，每天写一篇短文，抨击劣政、针砭时弊。并一直坚持为《小说月报》撰写《海外文坛消息》专栏，为《文学》周报和向警予主编的《妇女周报》撰写短文。泰戈尔访华期间，茅盾奉命在《民国日报·觉悟》上发表《对于泰戈尔的希望》，表明中央的态度和希望：

> 我们希望泰戈尔认识到中国青年目前的弱点是正视现实的心情倦怠了，而想逃往虚空，正想身坐涂炭而神游灵境。中国青年正在这种病的状态，须得有人给他们力量，拉他们回到现实社会来，切实地奋斗。希望泰戈尔本其反对西方帝国主义的精神，本其爱国主义的精神，痛砭中国一部分人的这种弱点。

为了"响应共产党对泰戈尔的评价，也是对于别有动机而邀请泰戈尔来中国'讲学'的学者、名流之反击"，茅盾又在《觉悟》上发表《泰戈尔与东方文化》，针对泰戈尔访华的几次演讲，批评泰戈尔"东方文化危机"论。

这一时期，茅盾还迎来了人生的喜悦。1923 年，他们有了女儿沈霞，小名亚男，1924 年，他们又有了儿子沈霜，小名阿桑，日后笔名韦韬。

"五卅"与商务罢工

1924 年冬，瞿秋白与杨之华结婚，和茅盾一家做了邻居。杨之华与张琴秋共同组织女学生参加工厂工作，显示了非凡的活动能力和组织才能。杨之华介绍孔德沚加入中国共产党。通过孔德沚和杨之华，沈泽民结识张琴秋，不久结婚。

1925 年春，茅盾与夫人孔德沚在上海

1925 年 5 月 1 日，中共中央工运委员会成立中华全国总工会，上海设秘密"办事处"，大批工人参加工会，组织本厂工会。7 日，日本纺织同业会决定不承认工会，大批开除工会活动分子，通知巡捕房逮捕工人代表，要求租界工部局和中国军警当局取缔工会。15 日，内外棉七厂大班带领打手，手持武器，对工会领袖顾正红连开四枪，顾正红光荣牺牲。16 日，内外棉一万多工人罢工，组织罢工委员会，要求"惩办凶手，承认工会"。上海三十几个社团共同成立日本惨杀同胞雪耻会。24 日，罢工委员会在潭子湾举行顾正红烈士追悼大会，决定组织全市的罢工、罢市、罢课。

5 月 30 日，工人、学生齐集南京路，茅盾与杨之华、孔德沚参加游行。31 日，南京路举行大规模游行，一堆堆学生和工人，张贴标语，高喊口号。英籍捕头拔出手枪，印度巡捕挥舞木棍，用自来水龙头驱逐群众，又骑马向群众冲来，茅盾与杨之华、孔德沚被冲散。孔德沚径直参加"包围总商会"活动，逼得上海总商会同意罢市。6 月 1 日，声势浩大的"三罢"运动开始，帝国主义国家在上海的一切事务全部瘫痪。"五卅"运动的反帝怒潮在全国各大城市引起强烈反响，先后举行游行示威，发动抵制英货、日货运动。

茅盾为鼓舞和宣传"五卅"运动做出了积极努力。6 月 4 日，由瞿秋白主编的《热血日报》出版，茅盾协助报道"五卅"运动的声势，鼓舞斗志，向全世界宣告中国的反帝怒潮。他还协助郑振铎主编《公理日报》，揭露上海各报不敢报道"五卅"惨案的真相，以及《申报》《新闻报》《时报》上的媚外言论。这些努力，引起并争取了国际舆论的关注与声援。

6 日，党中央指令茅盾、杨贤江、侯绍裘等召集各学校教职员中的共产党员、赞成反帝的无党派知名人士和进步知识分子，以个人名义参加教职员救国同志会，9日做出各项决议，茅盾和沈联璧起草宣言，刊登于上海《民国日报》。16日，茅盾在中华职业学校讲演，分析"五卅"事件的外交背景。

为了重振渐趋低潮的上海工人运动，党决定发动商务印书馆罢工。21日，茅盾与杨贤江负责召开商务印书馆工会成立大会，建立罢工委员会。8月，商务当局有裁员之议为职工所知，工会成员秘密串通三所一处的低薪职工，布置罢工事宜。23日下午，约四千人罢工职工在编译所对面的广场召开大会，提出复工条件，推举茅盾和郑振铎、丁晓先等十二人为职工代表与资方谈判。经多轮谈判，于27日签订复工协议，为工人争取到增加工资、承认工会、改善待遇、优待女工等有利条件。茅盾直接参与组织的罢工斗争取得重大胜利。

但茅盾的文学工作并未停顿。1925年初，他参与编选商务印书馆《学生国学丛书》，花三个月时间选注《淮南子》，又编选《楚辞》和《节本庄子》，并分别写了绪言。对这几部保留神话较多的古籍作了精湛的研究，在《小说月报》发表长篇论文《中国神话研究》。还进一步为《儿童世界》编译《普洛米修士偷火的故事》等十篇希腊神话及《喜芙的金黄头发》等六篇北欧神话，对文学的起源、神话是短篇小说的开端及其美学价值等提出独到的见解。他说："我从前治中国文学，就曾穷本溯源一番过来，现在既把线装书束之高阁了，转而借鉴于欧洲，自当从希腊、罗马开始，横贯十九世纪，直到'世纪末'。"

在"五卅"运动前后，他还结合工人运动，经过长达一年多探索，完成了著名的《论无产阶级艺术》，全面思考文学与社会的发展方向，将之作为终生践行的准则。1924 年，邓中夏、恽代英和沈泽民提出革命文学的口号，引起茅盾对文学艺术的性质及其社会意义的思考，希图更全面、深广地探索"无产阶级艺术"应有的品格。他追溯无产阶级艺术的历史，认为十九世纪后半期，苏联的作者"每喜取阶级斗争中的流血的经验做题材，又把刺戟和煽动作为艺术的全部目的"，是造成其作品内容单调、题材狭窄的原因。只有高尔基第一个"把无产阶级所受的痛苦真切地写出来""把无产阶级灵魂的伟大无伪饰无夸张的表现出来""把无产阶级所负的巨大的使命明白地指出来给全世界人看"。他强调无产阶级艺术首先应该是艺术，他认为：

新而活的意象+自己批评（即个人的选择）+社会的选择＝艺术

"社会的选择"，即艺术必须忠实反映现实，适应时代要求，才能被社会所承认。社会的选择又是阶级的选择："我们如果不愿意被甜蜜好听的高调所麻醉，如果不愿意被巧妙的遮眼法所迷惑；我们应该承认文艺批评论确是站在一阶级的立场上为本阶级的利益而立论的；所以无产阶级艺术的批评将自居于拥护无产阶级利益的地位而尽其批评的职能。"

他认为无产阶级艺术与所谓革命的艺术是不同的："凡含有反抗传统思想的文学作品都可以称为革命文学，它的性质是单纯的破坏。但无产阶级艺术的目的并不是仅仅的破坏"，无产阶级艺术家应该"先去利用已有的遗产，不足则加以新创"，因为艺术的形式是过去无数天才心血的结晶，在后人实是一份宝贵的遗产，"人类所遗下的艺术品都是应该宝贵的，此与阶级斗争并无关系"。无产阶级固应努力发挥他的"艺术创造天才"，但是"最好

从前人已走到的一级再往前进":

> 老实说，无产阶级首先须从他的前辈学习形式的技术，这是无产阶级应有的权利，也是对于前辈天才的心血结晶所应表示的相当的敬意，并不辱没了革命的无产阶级艺术家的身份！

他后来的文学观点与人生道路，就是以此为出发点，不断丰富、深化和完善的过程。

投身大革命

1925 年 3 月 12 日，孙中山先生逝世。1926 年 1 月茅盾出席在广州召开的国民党第二次全国代表大会。会议结束，广东区委书记陈延年让茅盾留下，负责国民党政治委员会的机关报《政治周报》。因人少事杂，茅盾整整忙了三个月。

3 月 17 日，蒋介石炮制"中山舰事件"。19 日深夜，第一军中的共产党员统统被捕，街上戒严。中央指示撤回第一军所有党员，团结蒋介石准备北伐，要茅盾回上海。茅盾 4 月初回到上海，因香港报纸说茅盾是赤化分子，详细介绍了他的活动经历，商务编译所遭到国民党驻军查问，委托郑振铎前来劝辞，茅盾当即辞职。

茅盾又受命代理国民党中宣部在上海的秘密机关交通局，翻印《政治周报》和国民党中宣部的宣传大纲及文件，后因经费迟迟不发，视察员之车马费该如何报销，也久无音信，茅盾在交通局工作到年底，函请"因病"辞职。

1927 年初，茅盾夫妇来到武汉。茅盾被改派到中央军事政治学校武汉分校任政治教官。中央军事政治学校武汉分校在两湖书院，学生三千余，由校务委员及总教官恽代英主持。教学条件比较艰苦，教官站在桌子上讲，学生围在周围听。茅盾当时讲解了什么叫帝国主义和封建主义、国民革命军的政治目的是什么，以及妇女解放运动等。

4 月初，汪精卫回国，成为国民党在武汉的领袖，与蒋介石谈判未果，遂与陈独秀发布联合宣言，重申国共两党密切合作。4月12日，蒋介石发动政变，在上海、南京大肆屠杀共产党和革命群众。"四一二"政变激起共产党人及国民党左派的极大愤慨，国民党中执委开除蒋介石党籍，罢免其总司令职务，武汉激起讨蒋高潮。蒋介石对武汉进行经济封锁，收买四川军阀杨森进犯武汉。27日，中国共产党第五次全国代表大会发布《中国共产党宣言》，

1926年初，茅盾在广州参加国民党第二次代表大会时的留影
右起：张廷灏、恽代英、茅盾

提出"反动的社会阶级 —— 地方、土豪、劣绅等，只有国民革命用激进的农民改革政策，才能消灭这些势力，使蒋介石主义衰弱下去"。随之，"工农运动过火"问题凸显，茅盾主编的《民国日报》受到鼓吹过火运动的议论，茅盾说：

> 对于传闻甚广的所谓"过火"行为，我们并不相信，认为这是敌人的造谣；但对有些传闻也存有疑虑，譬

1927年，在武汉担任《汉口民国日报》总主笔时的茅盾

如把农民家中供的祖宗牌位砸了，强迫妇女剪发，游斗处决北伐军军官的家属等。尤其对后者，我们议论较多，认为现在我们手中还没有军队，万一这些军官反到蒋介石那边去了，局势就很困难。我们还认为，即使有这种"过火"行为，也是农民协会水平不高所致，在这样波澜壮阔的群众运动中在所难免，但也不能听之任之不予纠正。

时局迅速逆转。5月13日，夏斗寅通电联蒋反共，讨伐武汉政府，17日占领汀泗桥，向武昌以南的纸坊进逼，局势十分严峻。叶挺24师和由中央军事政治学校武汉分校的学生编成的中央独立师开拔前线，经过激战，22日进驻汀泗桥，奉国民政府命令又回师武汉。接着发生"马日事变"。

"马日事变"使国共两党公开分裂。原本宁汉分裂的国民党，在"马日事变"之后合流了，加上冯玉祥与蒋介石在徐州会谈，形势更加严峻。7月8日，茅盾与毛泽民一起转入"地下"，搬到法租界隐蔽起来。

7月23日，茅盾接到命令去九江，把一张支票交给党组织。到了九江，与董必武和谭平山接头，任务是去南昌把支票交给党，如铁路中断去不了，就直接到上海。路已不通，听说可以先到牯岭再翻山去南昌，茅盾与范志超同上庐山，不料病了十几天，叶挺、贺龙的部队已在南昌暴动，支票已无必要。

8月中旬，范志超托关系买好到上海的船票，二人同舱，范志超讲述自己的经历，还把许多男青年写的信给茅盾看。茅盾托范志超把行李带回上海，从镇江下船，买到火车票，又在无锡下车，战乱中乘夜车回到上海。茅盾已是南京政府重点通缉对象，不能抛头露面，他的蛰居生活便开始了。

第六章 | 隐 身

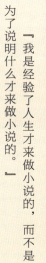

「我是经验了人生才来做小说的，而不是为了说明什么才来做小说的。」

茅盾著

神话研究

SHENHUA YANJIU

蛰　伏

　　1927年8月，茅盾已成重点通缉对象。先回上海的孔德沚意外小产住院，对外说"雁冰去日本了"。8月11日《民国日报》报道《清党委员会破获共党秘密机关》，披露7月6日夜突袭上海交通局，相关人员全部被捕，7月7日晨茅盾和瞿秋白住处被突击搜查。

　　8月下旬，茅盾回到景云里的家，弄堂里住着许多商务职员，偶一露面都很危险。他便藏在三楼，整整十月足不出户，只有隔壁的叶圣陶、周建人及10月回上海的鲁迅知道。叶圣陶当时主编《小说月报》，原主编郑振铎因是亲共人物，已到英国暂避。

　　蛰居的茅盾陷入困惑与迷惘，生计问题也成当务之急。没有职业，连家都不能出，"只好重新拿起笔来，卖文为生"。这时，"过去大半年的波涛起伏的生活正在我脑中发酵，于是我就以此为题材在德沚的病榻旁写我的第一部小说《幻灭》"。他相信，"只要真实地反映了现实，就能打动读者的心，使读者认清真与伪、善与恶、美与丑"。他便选择自己熟悉的小

叶圣陶主编的《小说月报》

资产阶级青年知识分子，"写他们在大革命洪流中的沉浮，从一个侧面来反映这个大时代"。

《幻灭》从 9 月初动笔，前半部不到两个星期就写完了，打算先给叶圣陶看看，随手写下笔名"矛盾"。第二天叶圣陶就找他说写得好，《小说月报》正缺这样的稿子，当天就发稿，9 月先登一半，10 月再登后一半，建议他将笔名改为"茅盾"，可以防止国民党查问。关于笔名，茅盾说：

> 一九二七年上半年，我在武汉经历了较前更深更广的生活，不但看到了更多的革命与反革命的矛盾，也看到了革命阵营内部的矛盾，尤其清楚地认识到小资产阶级知识分子在这大变动时代的矛盾，而且，自然也不会不看到我自己生活上、思想中也有很大的矛盾。但是，那时候，我又看到有不少人们思想上实在有矛盾，甚至言行也有矛盾，却又总自以为自己没有矛盾。

10 月初写完《幻灭》，茅盾觉得结构松散，但前半部分已经登出，不能修改："那时正等着钱来度日，连第二遍也没有看，就送出去了。等到印在纸上，自己一看，便后悔起米；悔什么呢？悔自己没有好好利用这份素材。"他后来写小说就养成先列大纲写提要的习惯。

茅盾的小说是从写女性开始的。《幻灭》中主要写两个女性：静和慧，《动摇》和《追求》也着重写女性。他说：

> "五卅"运动前后，德沚从事于妇女运动，她工作的对象主要是女学生、中小学教师、开明家庭中的少奶奶、大小姐等小资产阶级知识分子。她们常到我家中来，我也渐渐与她们熟悉，对她们的性格有所了解。大革命时

在武汉，我又遇到了不少这样类型的女性。她们有知识分子的共同特点，但性格又不相同，有静女士型的，有慧女士型的。这些就成为我写作的材料。

静女士是个天真的梦想家，以为革命一经发动，就不会失败和挫折。她在革命高潮中充满热情，但一遇到挫折和失败，就接受不了，觉得一切都完了。最后她爱上强连长，以为强连长可以给她理想的生活，但强连长上了前线，她终于连恋爱也幻灭了。强连长也有生活原型。茅盾接触过一个青年顾仲起，参加学生运动被开除，离家出走到上海做码头搬运工，还给《小说月报》投过稿，北伐期间当上连长偶遇茅盾，对时事已无所关心，说"一仗打下来，死了就算了，不死就能升官"，不打仗就在旅馆叫妓女寻求精神刺激。茅盾写强连长是"写这样的一种人对革命的幻灭"。慧女士不同。革命失败时她虽也悲观、失望、动摇，但不会幻灭，而是沉着地寻找生活的出路，有坚毅的生命力和人生追求。

《幻灭》甫一发表，立即引起热烈反响。不久，茅盾又写了《动摇》《追求》。1930年，开明书店将《幻灭》《动摇》《追求》

《蚀》的三部曲

《幻灭》《动摇》《追求》及《蚀》

三部曲合并成长篇出版，至 1950 年 11 月，二十年内共印了二十版。茅盾取名《蚀》，是为表明，"书中写的人和事，正像月食日食一样，是暂时的，而光明则是长久的；革命也是这样，挫折是暂时的，最后胜利是必然的"。

1929 年 3 月 3 日《文学周报》，辛夷发表《〈追求〉中的章秋柳》，描述阅读体验："最近在《小说月报》上，前前后后读过《幻灭》《动摇》《追求》这几个中篇小说，不自觉的一种力量命令我的眼睛一行一行地看下去，觉得有些地方仿佛是自己曾经亲历其境的，至少限度也应该认识其中的几位。"

《蚀》的三部曲横空出世，震惊文坛。美国学者夏志清说："在中国现代的小说中，能真正反映出当代历史，洞察社会实况的，

《蚀》可算是第一部。"徐志摩专门写信来打听作者是谁，叶圣陶回复"作者不愿意以真实姓名示人，恕我不能告诉你，但茅盾绝不是一位新作家。"徐志摩对宋云彬说："绍钧兄不肯告诉我，我已经猜中了，茅盾不是沈雁冰是谁？"

叶圣陶又约茅盾写系列评论文章，先写《鲁迅论》打头炮，欢迎刚到上海的鲁迅。《鲁迅论》笔名"方璧"，以免被人猜出茅盾就是沈雁冰。他评论鲁迅的小说，更特别谈到鲁迅杂文是"反抗一切的压迫，剥露一切的虚伪"，说"鲁迅板着脸，专剥露别人的虚伪的外套，然而我们并不以为可厌，就因为他也严格地自己批评自己分析"。这些评价，中肯而深刻，至今仍显出他的卓识不凡。10月8日，鲁迅搬到景云里，前门对着茅盾家后门。鲁迅亲自到茅盾家晤谈，两位文学巨匠推心置腹，惺惺相惜。

写《鲁迅论》之前，茅盾先试笔写了一篇《王鲁彦论》，顺着这种文体，他在20世纪30年代又写了《徐志摩论》《庐隐论》《冰心论》《落华生论》等，在新文学史上开创了"作家论"文体的先河。

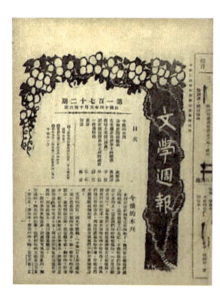

《文学周报》

1927年底，钱杏邨、蒋光慈等成立太阳社，创造社重新开始活动，他们提倡革命文学。一年前投笔从军的朋友们又拿起笔来战斗，茅盾很是欢欣，1928年1月8

日，他在《文学周报》发表《欢迎太阳》，既表欢迎又善意商榷，指出蒋光慈的宣言式论文有唯我独"革"、排斥一切"旧作家"的意味，对革命文学的议论也趋于偏激，表达出对文坛某种倾向的忧虑。

这种忧虑不幸言中。一个月后，创造社和太阳社开始围攻鲁迅，说鲁迅"常从幽暗的酒家的楼头，醉眼陶然地眺望窗外的人生"，说

《神话研究》

"阿Q时代是已经死去了"，骂鲁迅是"绍兴师爷""封建余孽"和资产阶级"最良的代言人""二重性的反革命的人物"。茅盾认为他们自己写的"普罗文学"，作品中都是没有血肉的人物，鲁迅说它们"往往是拙劣到连报章记事都不如"，郁达夫则称它们为"革命的广告"。

这也影响到《追求》的写作。茅盾原计划是想写一群青年知识分子，经历大革命失败的幻灭和动摇之后，又重新点燃希望的火炬，去追求光明的。但"听到愈来愈多外面的迟到的消息，这些消息都是使人悲痛，使人苦闷，使人失望的。这就是在革命不断高涨的口号下推行的'左'倾盲动主义所造成的各种可悲的损失。一些熟识的朋友，莫名其妙地被捕了，牺牲了"。《追求》便完全离开了原来的计划，书中的人物个个都在追求，然而都失败了，悲

观色彩极厚。那时，茅盾还写过一篇散文《严霜下的梦》，用象征的手法，表述了对当时盲动主义的"迷乱""不明白"和不赞成，并发出询问："什么时候天才亮呀！"

1928 年 6 月写完《追求》，茅盾决定去日本。出发前一天夜里，陈独秀突然到茅盾家，有倾吐之意。陈独秀说他已不问政治，想继顾亭林之后，研究现存各省方言中之中国古音，为作一部《文字学注释》准备材料。他在茅盾家客厅小榻上过夜，次日清早就走了。这部《文字学注释》，陈独秀在国民党监牢中继续写，抗战时在四川江津完成，他病死江津后，家属交给答应出版的商务印书馆，王云五竟未出版。

流 亡

写完《追求》，茅盾身心俱疲。陈望道来看茅盾，劝道："天气这么热，闷居小楼，是要弄出病来的，既然你对外放空气说已去日本，何妨真的到日本去一下，换换环境，呼吸点新鲜空气？"茅盾觉得有道理，孔德沚极力支持。陈望道介绍已在东京半年的女友吴庶五照应，引荐曾是上海平民女校的学生秦德君一同前往。

23 岁的秦德君，经历却很丰富，14 岁是成都第一个剪发的女子，后来参加革命，从事地下党和妇女工作，先后认识刘伯坚和《新蜀报》编辑穆济波，与刘、穆分别育有子女，1927 年底，化名徐舫，只身到上海，住陈望道家，打算经日本去苏联寻找新的人生。

1928 年 7 月，32 岁的茅盾化名方保宗，携秦德君悄悄登上开往神户的日本小商轮。踏上异国他乡，久被压抑的心顿觉轻松自在。吴庶五安排他们在东京暂时住下。日语不通，生计又无着落，7 月 8 日，茅盾写下到日本后第一篇小说《自杀》。小说中的环小姐，有秦德君的影子，表面是新潮女性，其实有很深的封建伦理思想，她和一个革命者相爱后发生肉体关系，男子革命去了，环小姐发现自己怀了孕，陷入苦闷、惶惑与羞愧不能自拔，以自缢来解脱人生。环小姐这样的"平凡"女性，《创造》中的娴娴更有生活的实感，更能进入到她们内心深处，从一些女性大革命失败后的心理负重，反观大革命时代。茅盾说：

像娴娴那样的性格刚强的女性，比较属于少数；而和娴娴相反，性格软弱的女子，却比较地属于多数。写这些"平凡"者的悲剧的或暗淡的结局，使大家猛省，也不是无意义的。

不几天，茅盾被日本特高科便衣盯上，意外遇到辞掉《中央日报》总编辑到日本隐居的陈启修，他用笔名陈豹隐写了《酱色的心》，向茅盾坦陈，因为投降了国民党，共产党说他的心是黑的，国民党又把他看成共产党，说他的心是红的，他就成了红、黑之间的酱色了，笔名豹隐，意指豹变之后就隐居，不问政治了。茅盾慢慢咀嚼出，经历 1927 年大风暴的人们，心理上都有些变了。

7 月 16 日，茅盾写了长文《从牯岭到东京》，回应国内文坛对《蚀》的批评，他承认自己当时的悲观失望情绪加深了故事的悲观气氛，但不认可太阳社和创造社的批评。《从牯岭到东京》很快引来围攻，傅克兴《评茅盾君底〈从牯岭到东京〉》说："说中国革命走到了绝路吗？断没有这个事，中国革命还在发展到一个新的高潮，决没有走到绝路去。"把茅盾对"革命文学"的意见说成是他对"革命"的意见。茅盾感慨道："他们异口同声说我是小资产阶级的代言人，要树立小资产阶级的文艺。他们的逻辑是：你主张作品可以写小资产阶级，你的作品写的又是小资产阶级，因此你就是小资产阶级的代言人。这等于说，描写强盗的必然就是强盗。"茅盾实难理解，不免寂寥愁苦，岛国的冬天越发难耐。在这样的心境下，他和秦德君同居了。

12 月初，恰好在京都的杨贤江请茅盾携秦德君前往京都，那里生活便宜，远离尘嚣，给他提供了极佳的创作环境。茅盾日本期间的大部分创作集中在这里，共 7 部短篇、1 部长篇小说和 12

篇散文，都是精心推敲、耐人咀嚼的艺术精品，是名副其实的浪漫丰收季。那些抒写心理的散文，《雾》《叩门》《卖豆腐的哨子》《虹》等，隐曲曼妙，有极高的审美价值；游记类的散文，《速写一》《速写二》《红叶》《邻一》《邻二》《樱花》《风化》《自杀》等，描写日本的风俗人情和所见所闻，精密细腻，从细节捕捉日本民间生活特有的风情。

他抒写乡愁的《卖豆腐的哨子》，极富诗美：

> 早上醒来的时候，听得卖豆腐的哨子在窗外呜呜地吹。每次这哨子声引起了我不少的怅惘。
>
> 并不是它那低叹暗泣似的声调在诱发我的漂泊者的乡愁；不是呢，像我这样的outcast，没有了故乡，也没有了祖国，所谓"乡愁"之类的优雅的情绪，轻易不会兜上我的心头。也不是它那类乎军笳然而已颇小规模的悲壮的颤音，使我联想到另一方面的烟云似的过去；也不是呢，过去的，只留下淡淡的一道痕，早已为现实的严肃和未来的闪光所掩煞所销毁。所以我这怅惘是难言的，然而每次我听到这呜呜的声音。我总抑不住胸间那股回荡起伏的怅惘的滋味。

全不提思乡和故乡点滴，只写漂泊的惆怅和日本呜呜的哨子、夜市叫卖的衣衫褴褛的小贩。这哨子恰恰是故乡所同有，如临其境却又不可寻觅。分明让人感到挥之不去、不可遏止的满腹乡愁。

最为人称道的是长篇小说《虹》。小说活脱脱的人物塑造，来源于主人公梅行素的原型、秦德君的女友胡兰畦。胡兰畦在上海结识孔德沚，后为中央军事政治学校武汉分校的学生，秦德君多次讲述她的身世和生活，一个饱满的人物形象便建立起来。1929

1929年4月至7月，茅盾创作了长篇小说《虹》。这是《虹》的初版本和部分手稿

年4月，茅盾开始精心创作《虹》，这是他"第一次写人物性格有发展，而且是合于生活规律的有阶段的逐渐地发展而不是跳跃式的发展"。

茅盾把原稿寄给郑振铎，附信中谈到《虹》的命意：

> "虹"是一座桥，便是春之女神由此以出冥国，重到
> 世间的那一座桥；"虹"又常见于傍晚，是黑夜前的幻美，
> 然而易散；虹有迷人的魅力，然而本身是虚空的幻想。这
> 些便是《幻》的命意：一个象征主义的题目。

小说"原来的计划，要从'五四'运动写到一九二七年大革命，将这近十年的'壮剧'留一印痕，所以照预定计划，主角梅女士还将参加大革命"。杨贤江夫妇及高氏兄弟都回国了，茅盾不得不在8月迁居，国内朋友索稿又急如星火，小说写作便中断了，再无后半篇。

搬家后，茅盾写了长篇评论《读〈倪焕之〉》，借此对《从牯岭

76

到东京》引起的责难进行总答辩。他认为《倪焕之》成为当时的"扛鼎"之作，根本原因是，作者所描写的是他熟悉的环境和对象。他在文章中奉劝那些"有志者"，与其写那种"既不能表现无产阶级的意识，也不能让无产阶级看得懂，只是'卖膏药式'的十八句江湖口诀那样的标语口号式或广告式的无产"，"还不如拣他们自己最熟悉的环境而又合于广大的读者对象之小资产阶级来描写"。

叶圣陶 1928 年的小说《倪焕之》，茅盾称之为"扛鼎之作"

这篇文章又引来新一轮围攻："我的这些话又触怒了提倡普罗文学的朋友们。因为动辄得咎，我只好写一点绝不惹起风波的东西，这就是《神话杂论》。"接着写了《西洋文学通论》《北欧神话ABC》，"有意为之的"为《中学生》创刊号写了《关于高尔基》：

　　因为创造社、太阳社的朋友们说我提倡小资产阶级文学，我就偏来宣传宣传无产阶级文学的创始者和代言人高尔基。同时也为了指明，真正的普罗文学应该像高尔基的作品那样有血有肉，而不是革命口号的图解。

与秦德君同居的消息传到上海，茅盾母亲和孔德沚焦虑万分，盼他早日回家。1930 年 4 月 5 日，茅盾携秦德君结束浪漫而苦涩的亡命生涯，秘密回到上海，重新踏上这片"烟云似的过去"的土地。叶圣陶到码头迎接，安排他们住杨贤江家。

茅盾当晚回家看望家人，母亲坚决要求他们分手，表示自己可以回乌镇，两个孩子让孔德沚自己带。孩子都在尚公小学念书，沈霞三年级，沈霜一年级。孔德沚在女子中学任教导主任，兼做地下工作。晚上，孔德沚从夜校回来，见到茅盾，又喜又气，听到母亲的想法后大方提议，让茅盾带秦德君到家里吃个饭，做个了断。母亲的严责与夫人的宽容，让他决心分手。茅盾做出了理性的选择，秦德君回到四川，从此怀恨终生。

第七章 | 享 誉

鲁迅满怀热情地给在苏联的曹靖华写信：
「茅盾作一小说曰《子夜》，计三十余万字，是他们所不能及的。」

《子夜》诞生·创作高峰

1930年，茅盾摄于上海

1930年4月5日，茅盾回家第一次见冯雪峰。他告诉茅盾，鲁迅已和创造社、太阳社合作成立"左翼作家联盟"。次日，茅盾去拜访表叔卢鉴泉。卢公馆是一所带花园的大房子，常有各界名流造访。要打听政局的消息，这里是个能有所获的地方，欲知公债、股票、期货方面的消息，这里亦是灵通之所。半月后，杨贤江介绍茅盾认识后期创造社主将冯乃超，冯乃超邀他参加"左联"，茅盾同意了。

茅盾常到卢公馆，和同乡故旧晤谈，银行家、公务员、商人和开工厂的、在交易所投机的，给他带来方方面面的消息，汇成活生生的社会图景。茅盾非常兴奋，天天往卢公馆跑。乌镇的企业家还请他参观工厂，向他介绍形势和同行竞争；证券交易所的一些投机内幕，让他对社会有了新的认识，便开始酝酿小说《子夜》。

1931年2月，茅盾完成中篇小说《路》。《路》描写蒋政权下大学教育的腐败，主人公火薪传暗示革命的火种正在蔓延，知识青年必将走上革命道路。茅盾对《路》比较满意，他说：

我个人认为：有思考力的读者读完一篇小说，掩卷而后，尚在猜想书中人物将来的悲欢哀乐，这小说就算是耐咀嚼的，而不是一览无余的。

接着他写了中篇《三人行》，自觉不成功："失败的根本原因，我以为是那个正面人物云没有写好。"这些摸索使他意识到，他正在经历的时代风云，才是最有价值的小说题材。他要描绘整体的社会画卷，深入剖析当时的社会状况，探索中国的出路。各种机缘又使他得以洞察社会深层的脉动，他决心下大功夫，为写作鸿篇巨制《子夜》做准备。

茅盾希图通过形象的表现，使中国社会的整体状况跃然纸上，帮助人们认清形势和革命发展的道路：

> 这样一部小说，当然提出了许多问题，但我所要回答的，只是一个问题，即是回答了托派，中国并没有走向资本主义发展的道路，中国在帝国主义的压迫下，是更加地殖民地化了。

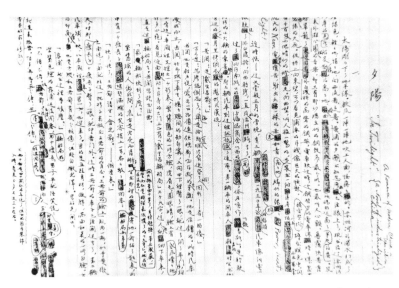

《子夜》手稿

《子夜》的各种中文版本

《子夜》的各种外文版本

茅盾最初计划小说"分为城市部分和农村部分",城市部分写成三部曲,拟出提纲后,发现很难与农村部分整合。思考酝酿几个月后,他改变计划,只写以城市为中心的长篇,重新构思提要和分章大纲,执笔时仍感规模太大,非经一两年详细调查不能下笔,便再次缩小计划。

1931 年 5 月,冯雪峰一定要请茅盾担任"左联"下半年的行政书记,到 10 月,茅盾觉得不能再拖了,便辞去"左联"职务,坐下来按大纲写完十九章,到 1932 年 12 月 5 日脱稿。

1931 年底,小说写到一半,郑振铎想在《小说月报》连载。茅盾给小说取名《夕阳》,暗示蒋政权已"近黄昏",笔名用"逃墨馆主"。不料上海发生"一·二八"战事,商务印书馆总厂毁于日本炮火,《小说月报》停刊,孔德沚抄的稿件副本也毁了,幸好原稿还留着。茅盾于是不急于赶写,他对工厂罢工斗争的部分不太满意,便细加推敲,二易其稿。这时,一个清晰的想法冒出来,将小说取名《子夜》,"子夜即半夜,既已半夜,快天亮了",这就从当时革命发展的形势做出判断,奠定了小说的发展方向。

1933 年 2 月,开明书店出版单行本,茅盾拿到《子夜》初版样书,立即去拜访鲁迅。茅盾回忆当时的情景,令人感动:

> 那时,我赠书还没有在扉页上题字的习惯。鲁迅翻开书页一看,是空白,就郑重提出要我签名留念,并且把我拉到书桌旁,打开砚台,递给我毛笔。我说,这一本是给您随便翻翻的,请提意见。他说,不,这一本我是要保存起来的,不看的,我要看,另外再去买一本。于是,我就在扉页上写上:
>
> 鲁迅先生指正　茅盾　一九三三年二月三日

《申报·自由谈》所刊作品剪影

几天以后，鲁迅满怀热情地给在苏联的曹靖华写信：

> 国内文坛除我们仍受压迫及反对者趁势活动外，亦
> 无甚新局。但我们这面，亦颇有新作家出现；茅盾作一小
> 说曰《子夜》，计三十余万字，是他们所不能及的。

《子夜》出版后，立即引来各方热议。3月20日，瞿秋白用笔名乐雯在《申报·自由谈》发表《〈子夜〉与国货年》，称"这是中国第一部写实主义的成功的长篇小说"，断言"一九三三年在将来的文学史上，没有疑问的要记录《子夜》的出版"。吴宓用笔名"云"在天津《大公报》文学副刊发表评论，认为《子夜》与早期的"三部曲"相比，更加给人以"沛然一贯之观"，其"表现时代动摇之力，尤为深刻"，赞赏《子夜》"写人物之典型性与个性皆极轩豁，而环境之配置亦殊入妙"。

茅盾觉得，吴宓能深入体会作者的匠心，实属难得。吴组缃、朱佩弦、向曦、赵家璧、绿曦、淑明、焰生、朱明等也纷纷发表评论，刊于《文艺月报》《文学季刊》《文化列车》《现代》《读书中学》《戈壁》《新垒》《学风》等刊物上。《子夜》初版三千部一售即空，三个月内，重印四次，每次五千部。主持大江书铺的陈望道说："向来不看新文学作品的资本家的少奶奶、大小姐，现在都争着看《子夜》，因为《子夜》描写到她们了。"1933 年便成为中国文学史上的"《子夜》年"。

进入创作高峰的茅盾，还完成了《故乡杂记》《林家铺子》及农村三部曲。1932 年 5 月，茅盾送母回乡，亲身经验了上海"一·二八"战事后江南农村的新动荡。茅盾以见闻的形式连写三篇《故乡杂记》，反映十九路军撤走前后当局"长期抵抗"的宣传和麻醉、借题向内地各乡镇小商人摊派国难捐，使小商人和农村赤贫的农民纷纷破产。

茅盾应俞颂华之请，为《申报月刊》创刊号创作《林家铺子》。《林家铺子》把同行间的竞争写得绘声绘色，茅盾是有深厚的生活基础的。茅盾祖父在乌镇开有一家纸店，他回忆说：

> 两家纸店的经理，各显手段，探知对方何种纸张缺货时就故意"放盘"，造成自己门庭若市的局面。可以夸大地说，这是一种战略，意在给镇上以及四乡来办纸货的人们一个假象，认为这家纸店货品齐全而且价钱公道，以后买货只找这家就成了。

《子夜》把原计划的农村部分压缩掉了，写作农村题材的小说就势在必行。1932 年 8 月，茅盾回乡给祖母奔丧，许多故旧从附近市镇和乡村前来祭奠，大家叙谈交流，茅盾听到不少周围农村

1933 年，写作《农村三部曲》期间，茅盾在上海虹口公园

和市镇的变故，非常沉痛，便于 10 月写成《春蚕》，反映 1932 年
中国农村发生的怪现象 —— "丰收灾"。《林家铺子》和《春蚕》
发表后，反响强烈。1933 年 4 月初，茅盾接着《春蚕》的人物和故
事写了《秋收》，老通宝一家经过多番努力，稻子收成很好，结果
却欠了债。他思绪不断，6 月又写了《残冬》，描写农村经济破产，
农民自发的抗租抗税运动已非武力所能压制。这就组成了"农村
三部曲"。1933 年，茅盾还写了不少农村题材的短篇、散文和速
写，有《当铺前》《老乡坤》《速写》《香市》《乡村杂景》《谈
迷信之类》《赛会》《桑树》《人造丝》《阿四的故事》等。

这些创作，使茅盾享誉文坛。1936 年 9 月，生活书店准备出
一套《青年自学丛书》，请茅盾写一本怎样写小说的书，徐伯昕
说："我和韬奋商量过，认为你是最合宜的人。"茅盾便一星期写

了《创作的准备》，11月出版才几天就被抢购一空。臧克家在《这样一个人》里评价茅盾：

> 领导时代的人，他一定是对时代性最敏感的人，看清楚了它的来龙去脉，找到了它最后的结穴。从茅盾先生的几部大著里，不但可以看出时代的面影，不也可以听到它的脚步声和它要去的方向吗？

二十世纪三十年代前期的小说创作，茅盾无疑是"领导时代的人"。

"左联"盛事·鲁茅携手

关于"左联",茅盾曾作过精辟的概括:

（二十世纪）三十年代的左翼文艺运动在中国现代文学史上有着伟大的功绩。它是中国革命文学的奠基者和播种者。这个运动在共产党的领导下，以鲁迅为旗手，而"左联"则是它的核心。可以说，无视"左联"的作用，就无法理解中国的现代和当代文学史。

但是，"左联"的成就，又是在不断的斗争和牺牲中，经过迂回曲折的道路取得的；是在一方面奋力击破国民党的文化围剿，一方面努力克服自身的错误中，逐渐成长起来的。而在这两方面，鲁迅都是榜样；他既是运筹帷幄的统帅，又是冲锋陷阵的战士。

1930 年底，瞿秋白领导"左联"工作，新的执委会决定办内容充实的刊物，由鲁迅、冯雪峰和茅盾编辑，不仅登理论文章，也登创作，以扩大影响，团结同情者。经几个月筹备，鲁迅亲自题写刊名的"左联"机关刊物《前哨》创刊。自此，"左联"开始发挥不可估量的社会影响。

1931 年 5 月，冯雪峰力劝茅盾担任"左联"行政书记。经瞿秋白提议，鲁、茅、冯研究决定，《文学导报》专登文艺理论研究，批判国民党鼓吹的民族主义文学；再另办一个以文学作品为主的大型文学刊物《北斗》，由丁玲主编。9 月，《北斗》创刊号出版，

"左联"创办的部分刊物

登有冰心、叶圣陶、郑振铎、徐志摩等非左联作家作品，这是"左联"扩大左翼文艺运动，克服宗派主义与关门主义取得的重要成绩，深得文艺界拥戴。在瞿秋白建议下，茅盾写了《关于"创作"》，登在《北斗》创刊号上，文章纵论"五四"以来的文学现象和创作方法，揭示后期创造社与太阳社"最大的病根"，是"除了'阿Q时代是死灭了'那样的理论而外"，只有空洞铺张的"革命文学"，"他们的作品的最拙劣者，简直等于一篇宣传大纲"，但提倡普罗文学的年轻人并不接受。鲁迅和瞿秋白都支持茅盾的基本观点。在最后一期《文学导报》上，茅盾发表了《中国苏维埃革命与普罗文学之建设》，指出"必须反对浅薄的分析，单调的题材和闭门造车的描写"，强调作家要深入生活，深入到火热的斗争中去挖掘真实的生动题材，呼吁文学创作必须遵循自身的规律，才会有生命力。可惜在当时"实在只是一份大声疾呼的宣言"。

茅盾、瞿秋白和鲁迅互相配合，协同作战，展开对民族主义文学的批判。11月，"左联"执委会通过《中国无产阶级革命文学的新任务》，一反过去忽视创作的倾向，强调创作问题的重要性，就题材、方法、形式等方面做出详细论述，指导了"左联"后来相当长一段时期的活动，标志着中国共产党与文艺界实质性的合作，也标志着"左联"进入成熟期。鲁迅是"左联"的主帅，坚决主张这个转变，但他不是党员，是"统战对象"，"左联"中的党员盟员多数对他尊敬有余，服从不足。瞿秋白在文艺上的造诣和在党员中的威望，使党员人人折服。瞿秋白充分信赖和支持鲁迅，冯雪峰、丁玲、茅盾等坚决支持鲁、瞿，使得鲁迅如虎添翼，推动左翼文艺运动走向正轨。

茅盾同样是"左联"时期的文学重心之一，是和鲁迅并肩战斗的勇士，他密切配合鲁迅，与各种有害思想展开斗争，有着伟大的历史功绩。

1932 年初，上海"一·二八"战事爆发，为抗议日军在上海发动战争，茅盾和鲁迅、郁达夫、叶圣陶、陈望道、冯雪峰等 43 人签名发表《上海文化界告全世界书》。2 月 7 日，他们又联合 129 名爱国人士签名发表《为抗议日军进攻上海屠杀民众宣言》。赢得全世界反对帝国主义者的舆论支持。蒋介石悍然不顾全国人民的抗日要求，签订"沪淞协定"，提出"攘外必先安内"的口号。鲁迅与茅盾以"左联"为中心，在抗日的旗帜下，团结上海文艺界形成抗日统一战线。作家们纷纷转向抗日题材，展现人民的抗日觉醒与斗争。根据"地下"生活的经验，为避免风险，4 月 14 日，鲁迅与茅盾迁居到大陆新村，二人只隔一条弄，要商量什么，走几步就到对方家里了。

5 月起，议论时局的文章被扣压。这时期，蒋介石对进步文化的围剿最猛烈。1933 年 5 月 14 日，丁玲、潘梓年在上海租界突遭绑架失踪，诗人应修人拒捕牺牲；6 月 18 日，中国民权保障同盟总干事杨杏佛被蓝衣社暗杀。7 月 14 日，伊罗生编的《中国论坛》登出一则《钩命单》，披露了传说中的蓝衣社黑名单抄本，共 56 人，其中就有杨杏佛、鲁迅、胡愈之和茅盾，这则消息在国际国内掀起轩然大波，杨杏佛是孙夫人挚友，连国民党元老派、"稳健派"都觉得太过分了。在内外舆论压力下，蓝衣社不得不放下屠刀。

丁玲被捕后，传出她被秘密杀害的消息，鲁迅于6月28日在日记上写下《悼丁君》："如磐夜气压重楼，剪柳春风导九秋。瑶瑟凝尘清怨绝，可怜无女耀高丘。"茅盾也赶写了《女作家丁玲》，发表在《中国论坛》和北平的"左联"机关刊物《文艺月报》上。

在文化围剿的淫威下，作家们的作品难以发表，国民党当局对文化界的破坏越来越猖狂。11月12日艺华影片公司被捣毁，13日良友图书公司大玻璃窗被毁，14日捣毁《中国论坛》，30日袭击神州国光社，并且开始查禁图书杂志。12月上旬，傅东华神色紧张地找到茅盾，说生活书店的两个主要刊物《生活》周刊与《文学》月刊都在被禁之列。茅盾断定他们是故意放出风声，目的无非想审查稿件。果如所料，《文学》的稿件损失惨重。许多新进作家辛辛苦苦写出一篇东西，却被检查老爷抽掉了，既要革命，又要吃饭，大家开动脑筋，对抗当局的文化"围剿"，纷纷出版刊物，化名写文章、探讨学术问题、翻译介绍外国文学等。1934年就成了"杂志年"。

1934年2月，上海各书店收到查禁书刊的正式公文，查禁书籍达149种，牵涉书店25家，进步作家28人，有鲁迅、郭沫若、陈望道、田汉、沈端先、柔石、丁玲、巴金、冯雪峰等，茅盾除介绍西洋文学以外的书全部被禁。为了把《文学》坚持下去，茅盾找鲁迅商量，决定连出几期专号，包括翻译专号、创刊专号、弱小民族文学专号和中国文学研究专号，挡住了检查老爷的乱抽乱砍，为《文学》的继续前进闯开了新路。到7月出第三卷时，茅盾已基本摸清当局审查的底细，知道文章怎样写，杂志怎样编，就能瞒过检查员的眼睛。

1934年1月，伊罗生与史沫特莱在编辑方针上发生分歧，《中国论坛》停刊。伊罗生与史沫特莱都是鲁迅和茅盾的老朋友，中国报纸不准刊登的消息，常通过《中国论坛》报道出去。伊罗生准备编一本中国现代进步作家的短篇小说集《草鞋脚》，请鲁迅和茅盾帮他提供选目和一份关于中国"左翼"期刊的介绍，并请他们各写一篇小传，请鲁迅写"序言"。鲁茅曾为斯诺编选《活跃的中国》提供选目，侧重于老作家的作品，都想再选译一本新进作家的小说集，介绍到国外去。这次机会难得，鲁茅都很热心，决定尽量满足伊罗生的要求，把"左联"成立后涌现的一批有才华的青年作家作品介绍出去。

他们认真研究了选题范围和选目，以及介绍左翼期刊的主要内容。鲁迅写了序言，茅盾草拟了选目和左翼文艺期刊的介绍，还写了几则作者简介供伊罗生了解。但伊罗生到延安之后，将选目作了较大变动。经多次有保留地沟通，最终并未达到鲁、茅的预期，鲁、茅也"只好就这样了"。《草鞋脚》于1935年编成，到1974年才在美国出版。

1934年3月，《国际文学》社编辑部向各国著名进步作家发函，征求对于苏联的成就、苏维埃文学、资本主义各国文化现状三个问题的意见，通过萧三转来给鲁迅和茅盾的两份约稿信。茅盾写了五百多字的《答国际文学社问》，请鲁迅转往苏联。过了几天，茅盾去看鲁迅，鲁迅拿出一页自己亲手誊写的稿子说："你的原稿已经给萧三寄去了，我怕你没有留底稿，所以给你抄了一份。"茅盾在回忆录中写道：

我是一个不易动感情的人，可是鲁迅这几句平淡的话却使我激动不已；因为从这件似属平凡的小事中，透出了鲁迅对伟大社会主义国家的敬仰，对战友的关怀，以及对工作的一丝不苟。鲁迅手抄的这份原稿，象征着我们之间的友谊，我一直把它珍藏着，在抗日战争的颠沛岁月中也始终带在身边。后来，一九四〇年我到了

1934 年，茅盾致伊罗生信手迹

鲁迅为茅盾誊写的《答国际文学社问》手迹

延安，才贡献给了当时在延安举办的鲁迅纪念展览会。

1935 年，郑振铎编的《世界文库》由生活书店正式出版。这是继《译文》之后又一大型介绍世界文学的刊物。郑振铎辞去燕京大学的工作回到上海后，请鲁迅和茅盾支持他编《世界文库》，鲁、茅当即表示全力支持，鲁迅把正在翻译的《死魂灵》译稿交给他。茅盾本想译《简·爱》，但被杂事打断，改为每期交一篇散文译稿，后来以《回忆·书简·杂记》结集出版。《世界文库》一半

篇幅选载中国古典文学中的精品和不易见到的古本、孤本，另一半篇幅介绍外国文学名著。每月出版一巨册，四十万字，文图并茂，装帧精美，外表像一本厚厚的精装书。这是具有里程碑意义的文学盛事。

1935年的另一件文学盛事，是《中国新文学大系》的编辑出版。良友图书公司的编辑赵家璧给茅盾写了一封信，希望他帮助促成《中国新文学大系》出版，并向他征求编辑体例方面的意见。茅盾当即复信，建议断代以1917到1927年大革命为界较为妥当，第一编可以全面展示第一个十年的文学实绩等。赵家璧全部采纳茅盾的建议，汇集新文学运动前十年史料，分建设理论、文学论争、小说、散文、诗、戏剧和史料索引七部分，其中小说分三集，散文分两集，正好十集，每集40万字，分别请胡适、郑振铎、茅

1935年，茅盾在上海寓所前的花园

盾、鲁迅、郑伯奇、周作人、郁达夫、朱自清、洪深、阿英任主编。每位主编为自己编的一集写一篇导言，并请蔡元培写总序。茅盾花了整整三个月编选小说一集，于1935年3月完成。

在大陆新村转眼两年过去，茅盾早该搬家了。国民党当局实行图书杂志审查后，茅盾卖文为生的收入减少，乌镇老家的房屋也要翻修，大陆新村的房租压力很大，但因与鲁迅商量事情比较方便，一直拖到3月，才搬到极司非尔路的信义村，与黎烈文做了邻居。信义村因租界越界在华界修筑道路，管辖权转到了租界，既有租界的安全，又有租界所没有的隐蔽和宁静，房租便宜，对茅盾来说，是个好去处。

搬家前茅盾向鲁迅告别，鲁迅沉重地告诉他："秋白被捕了！"瞿秋白身份尚未暴露，用化名写信请鲁迅找铺保营救，他们决定筹资开一个铺子。但很快国民党《中央日报》就登出瞿秋白被捕的消息，他已被叛徒出卖了。6月20日传出瞿秋白高唱《国际歌》从容就义的噩耗，时年36岁。鲁茅找瞿秋白遗孀杨之华商议，鲁迅说："人已经不在了，但他的著作、他的思想要传下去，不能泯灭了。这也是我们还活着的人对他的最好纪念。"

这一年，鲁迅也为把茅盾的小说翻译到国外，花费不少心血。2月中旬，日本《改造》杂志打算介绍一些中国现代文学作品，请鲁迅帮忙选稿，鲁迅病中写信问茅盾是用旧作呢，还是新写一篇，如用新作，就把原稿寄给他，由他译成日文。茅盾连忙回信表示要赶写新的，专门写给外国读者。2月26日《水藻行》写成，但原稿交给鲁迅时，他正生着病，5月突然加剧，绵延到9月才渐见好转。鲁迅说，山本实彦8月来催茅盾的文章，但因病未能翻译，已把原稿寄给翻译《阿Q正传》的山上正义，请他翻译。《水藻行》

1937 年 5 月登出，是茅盾唯一先在国外发表的小说，鲁迅同样没有见到。

1936 年初，夏衍向茅盾传达党中央建立抗日统一战线的号召，说这就要解散"左联"，否则新组织会被认为是变相的"左联"，有些人不敢参加。这件事必须征求鲁迅的意见，但鲁迅不愿见他们，请茅盾转告。茅盾必须与双方都保持良好关系，小心地不使它被破坏，才可以起到一点调节作用，于是只负责转告双方原话。鲁迅赞成组织文艺家抗日统一战线，但认为统一战线要有人领导，"左联"解散了，就没有了核心。夏衍说"我们这些人"就是核心。鲁迅听到后，只笑了笑。解散"左联"和成立新组织的事就拖延下来。

1936 年 3 月，在"左联"书记徐懋庸的劝说下，鲁迅同意解散"左联"，但必须发表一个宣言，申明"左联"解散是为了把无产阶级文艺运动推向新阶段，而不是自行溃散。周扬们答应了鲁迅的意见，却没有发宣言。鲁迅不愿加入他们筹组的"文艺家协会"，一大批作家对这个新组织也就很冷淡。周扬又找茅盾从中调解，茅盾认为调解不了，但同意做"文艺家协会"发起人。

10 月 14 日，茅盾回乌镇伺候生病的母亲，不料自己却躺倒了，长期的劳累导致痔疮大发作，痛如刀割，郎中也无良策。这时收到孔德沚 19 日下午的急电："周已故速归。"13 日茅盾写信告诉鲁迅自己将回乡小住，还收到他的回信。不料才过一星期，鲁迅先生就永诀了！这对茅盾犹如晴天霹雳。

第八章 — 流 离

茅盾既要保证家人的安全与生计，又有强烈的文化使命感，为全民族抗日文学的发展建立文艺阵地。

逃难·何去何从

1937 年 7 月 7 日，卢沟桥事变爆发。30 日，平津沦陷。8 月 7 日，日海军军舰及陆战队集结上海，9 日，日海军武官及士兵强闯虹桥机场被还击毙命。13 日，上海战事爆发。

8 月 14 日，上海文艺界举行最后一次聚餐会，大家都赶到了，共商抗战第一阶段文艺界的使命。多数人主张，急需有个战时小型刊物，一致推举茅盾主编。茅盾与冯雪峰、巴金商议，以《文学》《中流》《文丛》《译文》四刊同人名义，自筹资金创办《呐喊》周刊，写稿尽义务，不付稿费。四刊主编均表赞同，茅盾请他们为创刊号各写一篇文章。

茅盾马不停蹄去找郑振铎与邹韬奋，他们准备办《救亡日报》，社长郭沫若，主编夏衍，已把茅盾列为发起人和编委；邹韬奋还准备复刊《抗战》三日刊，请茅盾义务写稿。15 日晚，茅盾在隆隆炮声中写下《呐喊》创刊献词《站上各自的岗位》。25 日，创刊号出版，人们竞相争购，投稿也十分踊跃。

29 日，《抗战》《救亡日报》及第二期《呐喊》出版，发生数起工部局扣留报纸、殴打报童事件，茅盾与邹韬奋、胡愈之、郑振铎联名致电国民党中央宣传部部长邵力子，请邵力子周旋，为各报刊速办登记，登记手续"特予通融从速"。第三期《呐喊》更名为《烽火》。

茅盾在《呐喊·烽火》上，重点提出抗战作家的新任务与文艺大众化问题。《关于"投笔从军"》针对作家们"投笔从军"的壮志，指出都市里的年轻文化人，首先"必须分散到内地去"，"担任起教育民众的工作"。《对于时事播音的一点意见》主张抗战文艺要通俗化和大众化，才能深入民间。他号召文艺界和游艺界同人联合起来，在不背事实的原则下，把重要新闻编成故事，播送时加以演述，必将大大增强宣传效果。《还是现实主义》针对某些报刊鼓吹"战时文艺政策"，指出"我们目前的文艺大路，就是现实主义！除此而外，无所谓'政策'"。

他还写了许多时评，如《炮火的洗礼》《不是恐怖手段所能摄服的》《一支火箭以后》《首先是干部问题》等，这些文章后来结集为《炮火的洗礼》，由烽火社出版。《炮火的洗礼》热情欢呼一个伟大时代的来临，坚信我们民族必将在炮火中新生。

9月，战争进入胶着状态，上海不能久留，必须妥善安排。茅盾母亲决定不拖累他们，住在乌镇；孔德沚爱国女校的同学陈达人来信邀他们去长沙。9月底，他们分头行动，茅盾送两个孩子到长沙上学，孔德沚留在上海清理家当，到乌镇给母亲留下一千元以防万一，关照纸店老伙计黄妙祥照顾母亲。忙乱中收到张琴秋的信，知道她还活着，全家喜出望外。

10月5日晚，茅盾带两个孩子挤上火车，同车全是逃难的人。上海到苏州段已不通车，要从苏嘉路绕行，为防空袭，列车只能在暗夜行驶，惊险重重。按事先规划，到镇江后转轮船，果然顺利。茅盾安顿好孩子，原路返回，20日抵汉，接孔德沚电报知南京以下已不通航，要走浙赣路和沪杭路回沪。等车期间，徐伯昕来请茅盾主编一个类似《文学》的中型杂志，商定茅盾从上海回武汉后即着手筹备。归路多断，道阻且长：

好像火车老是停在某个不知名的小站上，车厢里的闷热、汗臭和厕所味把人们赶到了车站附近的树荫下，但又不敢远离，怕火车突然开走。

　　火车像蜗牛似的爬过了南昌，又爬向鹰潭；大概进入了山区，车速似乎快了些，但到达杭州，已经是十一月一日的傍晚。

　　在杭州车站，听到一个惊人的消息：今日凌晨敌军在金山卫登陆，从中午起火车已不通上海。归路断了！

　　在开明书店杭州分店帮助下，茅盾转从绍兴坐船，11月12日晚回到家中，广播播报我军已撤出上海，守家静等的孔德沚又惊又喜。12月5日，茅盾夫妇以难民身份在法租界租到一间房，托人到月底才买到去香港的船票，隐姓埋名作离沪准备。

　　1937年最后一天，茅盾夫妇登上去香港的轮船，离别生活、工作和战斗了二十年的上海。他从船上回望上海，预感从此将颠沛流离，心中默念：我还会回来的，我一定要回来！1938年1月3日，他们到达广州。1月12日，抵陈达人家，两家人开会讨论何去何从，决定过完春节后，让茅盾去汉口打前站，再定去向。

　　在长沙逗留半月，茅盾观察了解社会状况，思考文学的发展方向，见了张天翼、田汉、孙伏园、王鲁彦、廖沫沙、黄源等朋友。16日，长沙文艺界为茅盾举行欢迎茶话会，徐特立参加并作即席讲话，茅盾应长沙文化界之请作了一次公开讲演，结识有才华有思想的青年李南桌，为《救亡日报》写了三篇文章。

　　2月7日，茅盾到达武汉，与徐伯昕、邹韬奋商议，考虑到武汉也难久守，决定到广州办《文艺阵地》半月刊。19日茅盾回长沙，21日携全家坐火车赴广州，24日，茅盾一家到达广州。上海

《立报》总经理萨空了闯进旅馆，他准备把《立报》移到香港，请茅盾去编副刊《言林》。茅盾被说服了。27日，茅盾一家来到香港，"香港的住房十分紧张，并无空屋等着你去挑选"。他们在九龙尖沙咀附近租到一间房暂时栖身，房子不理想，条件又苛刻，茅盾当时只想安顿下来抓紧办正事，不料难题接踵而至。

第八章 流 离

《文艺阵地》

首先是吃饭问题。"德沚到公用厨房一看，二房东、三房客早把全部面积占光，现在腾出了一个角落给我们，只够摆只煤球炉。"最后总算买到一只酒精炉，"德沚就在这只酒精炉上表演她的烹饪技术，直到离开这家二房东"。接着是孩子上学问题。香港的中小学大部分还在念四书五经，教员十分顽固，只有香港华人办的华南中学用内地教材，国文课讲普通话。经爱国人士吴涵真介绍，茅盾才把孩子送进华南中学。挺过三个月，茅盾一家搬到九龙太子道196号四楼安顿下来，这里原是章乃器住着，他要去内地，萨空了就帮茅盾预订下来，房租很高，但很安静，是写作的好环境。

到香港后，茅盾为《立报》写的连载小说，最初题名《何去何从》，反映他对抗战第一阶段生活的思考：不仅是一家人何以为安，更是个人使命与民族使命何去何从的问题。终于，他在香港，开辟了文学刊物史上具有经典意义的"文艺阵地"。

香港·文艺阵地

为了办好《文艺阵地》半月刊，茅盾向汉口的朋友约稿，给知道行踪的熟人写信，请他们把稿件寄往广州生活书店，并请在武汉的老舍、叶以群和楼适夷帮忙组稿。茅盾也被反约稿，十多天写了九篇文章，有《"抗战文艺展望"之发端》《广"差不多"说》《记"孩子剧团"》等关于抗战文艺态度问题的，也有《关于大众文艺》《关于鼓词》等讨论抗战文艺形式问题的。茅盾还请董必武帮忙提供八路军战斗和活动的消息，回长沙赴广州前又拿到张天翼的《华威先生》。2月24日到广州后，才知道广州的印刷条件比上海差多了，只好推迟创刊日期。广州的朋友络绎到旅馆来看茅盾，他趁机向大家约稿。接着茅盾决定到香港编辑，在广州印刷。

很快，投到《文艺阵地》的稿件从广州生活书店源源转给茅盾，有叶圣陶《从疏忽转到谨严》、周文《文艺活动在成都》、老舍新京剧《忠烈图》、草明小说《梁五底烦恼》、林林短诗、刘白羽速写

1938年，茅盾夫妇与儿子沈霜摄于香港

《疯人》、萧红散文《记鹿地夫妇》、日本作家鹿地亘《日本军事法西主义与文学》、郑振铎寄来的鲁迅书简、戈宝权《苏联剧坛近讯》、丰子恺歌词《我们四百兆人》、陆定一报告文学《一件并不轰轰烈烈的故事》，外加已有的张天翼小说《华威先生》、楼适夷报告文学《福州有福》、叶以群短论《深入生活的核心》等，还有两位优秀青年文艺理论家杜埃与李南桌的投稿。

1938年10月，茅盾夫妇与女儿沈霞、儿子沈霜在香港九龙太子道寓所

　　主要稿件齐了，茅盾抓紧写了《发刊词》《编后记》，又结合当时文坛现象写了二则短论和三篇书评，于3月20日发出最后一批稿。《发刊词》表明了办刊立场和态度，具有强大的号召力：

　　　　这阵地上，立一面大旗，大书："拥护抗战到底，巩固抗战的统一战线！"

　　　　这阵地上，将有各种各类的"文艺兵"，在献出他们的心血；这阵地上将有各式各样的兵器 —— 只要是为了抗战，兵器的新式或旧式是不应该成为问题的。我们且以为祖传的旧兵器亟应加以拂拭或修改，使能发挥新的威力。

　　　　这阵地上，（我敢断言）又将有新的力量，民族的文艺的后备军，来增长声威，补充火力，因为，在神圣抗战中，在炮火洗礼下，在救亡工作的锻炼中，从青年知识者群中，从人民大众群中，已经觉醒了不少的文艺天才。没有他们来进入文艺阵地，民族解放的文艺不能发扬壮大而灿烂。

24 日，茅盾到广州亲自把关，印刷条件出乎想象，字体不全，许多字靠手工刻；字行间不用铅条而且竹条，版面很难看；排字工技术差，手脚慢，校样几乎满篇错字。茅盾在印刷厂奋斗了一星期，"差不多每个印出总算没有错误的字粒都是编者奋斗的结果"。

1938 年 4 月 16 日，《文艺阵地》创刊号"一炮打响"，在战时交通堵塞的情况下，销量达一万六七千份。文化界反响强烈，茅盾认为张天翼《华威先生》应记头功。张天翼用幽默笔调描写想包办救亡运动的国民党"抗战官"华威先生，是抗战以来文艺作品中出现的第一个典型人物，立即引起广泛讨论。主张一味歌颂的，说这是讽刺政府、破坏政府；更多人拍手称快。作为主编，茅盾写了《论加强批评工作》，将对现实主义文学的理解推向深层：

> 文艺作品不能只是反映了半面的"现实"。抗战中随时发生的问题多得很呢，每一个问题都有它光明的一面以及黑暗的一面。如何而能克服了那黑暗的一面，或者为什么而终于不能克服那黑暗的一面，这才是必须描写出来的焦点。

茅盾后来又写了《八月的感想》，指出《华威先生》引起了青年作家对于隐伏在光明中的丑恶的研究和搜索，文坛的这种新趋向"正表示了作家对于现实能够深入去观察"。指出"文艺的教育作用不仅在示人以何者有前途，也须指出何者没有前途；而且在现实中，那些没有前途的，倘非加以打击，它不会自己消灭，既有

1938年春，茅盾（右）、潘汉年（中）、夏衍（左）在广州

丑恶存在，便不会没有斗争，文艺应当反映这些斗争又从而推进实际的斗争。我们不能做'信天翁'！"

排印工作成了"瓶颈"，《文艺阵地》第二期就拖期了。茅盾决定第三期后就不在广州排印了。最初打算移到香港，但香港政府怕得罪日本人，问题重重。茅盾又将目光转向"孤岛"，与生活书店广州、香港、上海三个分店磋商，决定移到上海秘密排印，再运到香港，转发内地和南洋。正好孔另境留在租界，茅盾将已编辑好的四、五期稿件交生活书店带到上海，请他帮忙发稿和看校样。茅盾通过信件"遥控指挥"，孔另境与上海分店直接接洽。

主编《文艺阵地》，茅盾7个月共写了20篇短论，30篇书评，还开辟了"文阵广播"栏，密集报道各地文坛作家动向，介绍国内文坛消息。他的短论对当时的一些文艺问题发表意见，将文艺大众化的思考推向深层。在《大众化与利用旧形式》中，他指出："二十年来旧形式只被新文学作者所否定，还没有被新文学所否定，更其没有被大众所否定。但利用旧形式，也不能无条件地接受，要研究并实验如何翻旧出新。"《质的提高与通俗》针对有人把"质"与"通俗"对立起来，指出这是把通俗误解为庸俗，把质的提高误解为"高深难懂"，二者是一物的两面，绝不冲突：

> "质的提高"并没有什么奥妙，这只是（一）人物须是活生生的人，不是蜡制模型，也不是脸谱；（二）写什么得像什么，写农村风光就要是真正农村风光，不要弄成了影片上假装的农村；（三）字眼用得确当，句子安排得妥帖，意义明白，笔墨简劲。这三点如果都能办到，自然"通俗"，而"质"亦"高"了！

这也反映了茅盾本人的择稿标准和编辑意向：力避平庸，追求高质量，多出精品。他在创刊号《编后记》中写道："把现实生活的种种经过综合分析提炼，而典型地表现出来的，总想做到每期有这么一篇。"因此，《文艺阵地》发表了许多脍炙人口的作品，第三期发表姚雪垠短篇小说《差半车麦秸》，很快被叶君健译成英文在美国杂志发表，引起的轰动不下于《华威先生》。这些业

《差半车麦秸》

绩，使《文艺阵地》成为抗战"第二阶段"最有影响的"文艺阵地"，经常为它撰稿的知名作家或后来成名的作家，就有七十多位。楼适夷在《茅公和〈文艺阵地〉》中说：

> 《文艺阵地》的编辑中心虽然僻处一隅，但和全国广大文艺队伍，还是息息相通的。当大多数文艺战士处于战时分散状态的时候，它和前线、后方、敌后、抗日民主根据地，均能取得广泛、密切的联系，及时发布战地的报告，以及在战争中出现的新作。

《立报·言林》于1938年4月1日复刊，篇幅小，文体也比较单纯，只有杂文、短论、诗歌等，开头几期茅盾每天赶写一篇重点稿件，不久，香港及华南一带的投稿就雪片般飞来，形成了一支经常写稿的"核心作者"队伍，包括杜埃、林焕平、李南桌、袁水拍等十来个青年人。应萨空了的要求，他自己赶写连载小说《何去何从》，被萨空了改名《你往哪里跑》，后来出版单行本书名《第一阶段的故事》。在港期间，他还协助出版《鲁迅全集》，到中华业余学校义务讲课，尤其是注重培养了一批有才华的青年作者，包括杜埃和李南桌。令茅盾痛惜的是，10月13日，李南桌不幸英

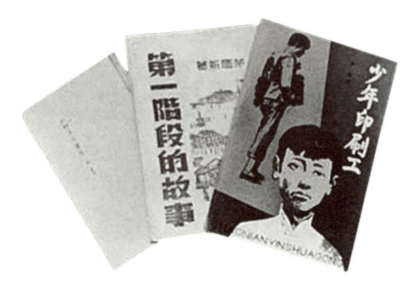

《第一阶段的故事》《少年印刷工》《多角关系》初版书影

年早逝，茅盾写了《悼李南桌 —— 一个坚实的文艺工作者》，并汇集他的论文编成《李南桌文艺评论集》，推荐给香港生活书店出版。

茅盾主编《文艺阵地》，完全是凭着对抗战文艺事业的使命感和满腔热忱而担起的文化重任。最初 3 期他倒贴不少，每月两次赴广州的车马费、旅馆费要 100 多元。移上海排印后，70 元编辑费还要付 15 元给孔另境。幸而《言林》费力不多而收入颇高，可补贴一部分，但善于管家理财的妻子仍叫苦不迭，又从积蓄中倒贴，10 个月下来，茅盾几乎倒贴一千元。因此，《文艺阵地》是茅盾贡献给抗战时代的一份文化大礼。

新疆・死里逃生

1938 年 10 月，广州、武汉沦陷，茅
盾在给孔另境的信中写道："此间真成
了孤岛，英帝国对日大概只有更恭顺，
反日分子在此愈难立足。而生活程度
之高涨，亦使人不能再久居。"《文艺
阵地》虽广受欢迎，但战时交通堵塞日
益严重，杂志送不到读者手里，"以后
能否继续出版，殊成问题"，离港之意
已决。恰好盛世才请杜重远到新疆办教

1938 年底，茅盾在昆明

育，杜重远反复动员茅盾、张仲实和萨空了到新疆帮他办新疆学
院，把盛世才统治的新疆描绘得十分光明，使茅盾动了去新疆做
点事的念头。他说：

> 新疆虽地处西北边陲，却是背靠着苏联，在当时是唯
> 一的国际军援通道，苏联援华的物资装备，就通过新疆浩
> 瀚的戈壁滩运往内地。如果新疆当局果真如杜重远所说
> 的那样进步，那么把新疆建设成一个进步的革命的基地，
> 无疑有重大的战略意义，而我能为此事业稍尽绵薄，也是
> 我应有的责任。

茅盾找廖承志打听延安对新疆的看法，廖承志也不清楚，说
只知道有茅盾认识的共产党人在那里工作。茅盾把《言林》托付

在香港作地下工作的杜埃，又请刚从内地到香港的楼适夷帮他编《文艺阵地》，两三期之后，就正式托付他主编《文艺阵地》。

12月20日，茅盾一家与张仲实登上开往海防的"小广东"号，绕道越南、昆明、兰州，再赴新疆，消息早就被杜重远传出。28日，茅盾一行到达昆明，云南省文协分会的穆木天、施蛰存和云南大学教授楚图南等到站台迎接，当晚为他们洗尘，在座有朱自清、沈从文等。茅盾接下来参加了各种活动：29日参加昆明文协茶话会，讲话内容被人整理成《统一战线的基本工作》，发表在《云南日报》副刊《南风》；30日顾颉刚来见，又受邀观看"金马剧团"演出的话剧《黑地狱》，当夜便写《看了〈黑地狱〉》，呼吁地方当局给予现代话剧必要的经济扶持；31日回拜顾颉刚并与西南联大的朱自清、吴晗、闻一多等见面；短短几天内还为诗歌月刊《战歌》写了《大众化与"诗歌的斯泰哈诺夫运动"》，为《新云南》写了《谈"深入民间"》，为《战时知识》写了《文化上的分工合作》；1939年1月4日受邀到西南联大演讲，1月5日直飞兰州。

不料在兰州等待进疆，一等就是两个月。在与兰州各方面人士的接触中，茅盾两次听到"进疆要慎重"的劝告。一次老熟人胡公冕问他，何以下这么大决心千里迢迢去新疆，听说进疆不易，出疆更难。沈泽民的同学、兰州西北公路局的沈局长得知茅盾抵达兰州，特来拜访，说兰州人都不相信杜重远的书，郑重地问茅

1939年1月，茅盾在昆明

盾:"有把握进去,有把握出来吗?"他劝茅盾至少把家眷留在内地,为将来留个脱身的借口,但茅盾没上心。

2月20日,茅盾一行飞往哈密。作为盛世才的贵宾,哈密行政长刘西屏亲自接待,他们住进专门接待苏联客人的"外宾招待所",和苏联红军战士一起进餐。盛世才专门派出一名副官,一辆小卧车和一辆八座旅行车,到哈密接他们到

1939 年初,茅盾(右)与张仲实在兰州中国旅行社招待所

迪化。经过四天长途旅行,3月11日,他们翻过天山,到达迪化郊外二十公里处,盛世才亲自迎接:

> 迎面驶来一前一后两辆卡车,卡车之间是两辆小卧车,两辆卡车上整齐地站着全副武装的卫队,在驾驶室的上面各架着一挺机关枪,枪口威严地瞄准前方。前面一辆卡车突然离开公路驶向右侧,后面一辆卡车则驶向公路左侧,形成了两翼,于是两辆小卧车就在两翼保护之下,驶到我们的前面。我不禁悄悄对站在我身边的仲实说:看来情况不太妙啊!

盛世才为了实现对新疆的独裁,提出反帝、亲苏、和平等"六大政策",表面上与苏联亲密合作,获得苏联的巨大支援,暗中却积极培植自己的力量,建立严密的特务组织。1937 年,盛世才利用特务机构制造了一起"大阴谋案",屠刀指向为其政权立下汗

马功劳的各部门各地区长官，包括许多原中共党员及联共党员，毒刑逼供，诬告这些人是托派、民族主义分子和日本间谍，致使二千余无辜者遭逮捕甚至杀害，却打着"左"的旗号，蒙骗苏联和延安。抗战爆发后，中共中央与盛世才商谈合作，派人去新疆帮助工作，同意盛提出的不发展组织、不宣传主义的要求。就在这时，茅盾一行来到新疆。

次日，盛世才设宴为茅盾和张仲实洗尘，各厅厅长都到了，茅盾认出化名周彬的财政厅厅长毛泽民。第三天，杜重远请茅盾和张仲实到新疆学院。这时的新疆学院只有两个系，学生120人，茅盾和张仲实是第一批专职教员，茅盾任教育系主任，张仲实任政治经济系主任。

茅盾一家被安排在维吾尔族人"巴伊"的一个大院内，一切生活问题，由副官长卢毓麟及勤杂人员处理，茅盾享受厅长一级配备的马车。公寓对面就是苏联领事馆，杜重远告诉茅盾，盛世才不喜欢手下私自去领事馆，厅长们都不去。在杜重远建议下，茅盾去拜访了几位厅长，才知道教育厅厅长孟一鸣也是从延安来的，是沈泽民在苏联中山大学的同学。毛泽民告诉茅盾，盛世才要亲苏，要反帝，又要讲马列主义，就请延安派人帮忙，新疆的经济和军事实际上靠苏联支持，并且说：

> 盛这人很难捉摸，他多疑、忌贤，有边疆"土皇帝"的特性。我们来新疆帮助工作，我们的同志犯了错误，他不能处理，可以要求我们调回延安。他对我们很客气，奉为贵宾，但不交心。他周围有一伙亲信，是他的耳目，你们今后与这些人接触时要小心。

延安派来的人还有保障，但杜重远、茅盾、张仲实是盛世才请来的，又是党外身份，只能格外小心了。孟一鸣建议茅盾多观察，少说话，多做事，少出风头。

一星期后，盛世才邀茅盾和张仲实谈话，提出成立新疆文化协会，请茅盾任委员长，张仲实任副委员长，他的亲信李佩珂任副委员长兼秘书长，负责人事和财务。茅盾和张仲实的任务，是尽快编出一套符合"六大政策"精

1939年，茅盾（前中）在新疆学院与教育系部分学生在一起

神的小学教科书。茅盾的想法是，"既然已经来了新疆，就应该为新疆的文化启蒙工作多做点事，不能仅仅在新疆学院教几十个学生"。为了既做点文化启蒙工作，又有效地自我保护，他定了个行动方针：

> 工作上，以马列主义的观点来宣传六大政策下的新文化，进行文化启蒙工作；教好新疆学院的课程；有选择地进行文学艺术方面的介绍和人才的培养；人事关系上，实行"坚壁清野"，一切对外联系由我一人出面，把德沚和两个孩子同当地社会隔开。

危机很快降临。盛世才的小舅子邱毓熊登门拜访，请茅盾给他讲文学知识，坚持要单独到茅盾家上课，磨到最后，茅盾答应每周给他讲一次；第二天盛世才的五弟盛世骥也找上门来，非要做

学生不可，茅盾只得硬着头皮教两个。第一次上课，两个权贵再三要见茅盾的孩子，茅盾只好叫孩子出来见了面，孔德沚察觉他们看亚男的眼神不对劲。从此，他们每次都要见亚男，茅盾都用"坚壁清野"的态度坚决挡回去，"胸无点墨的草包"见无隙可乘，就借个理由溜掉了。

1939年上半年，他将主要精力用在新疆学院的教学上；下半年，主要办文化干部训练班，趁赵丹、徐韬一行到新疆，开展话剧活动。教学方面，他教中国通史、中国学术思想概论、西洋史等，每周上十七小时课。他说：

> 我想既然千里迢迢到新疆来讲学，就应该讲自己之所学。于是我同时着手编写几门课的讲义，边编写边上课。好在参考书手头还有，我在兰州商务印书馆分店买的那一箱书，这时候发挥了作用。

茅盾系统整理了先秦诸子的学说及其发展脉络，尤其是孔、墨、杨三派的思想要义，用历史唯物主义的观点，深入浅出地讲述了孟子的思想渊源及其政治经济主张的内在矛盾。

5月7日，茅盾受妇女协会张奋音之请，在女子中学讲《中国新文学运动》，对二十年来中国现代文学进行总结，将其分为"五四"至"五卅"、"五卅"至1927年大革命、大革命失败至抗战三个时期，准确把握和描述了各个时期的整体特点，是一篇系统思考、深刻阐述中国新文学运动的理论文章，5月8日发表在《新疆日报》。5月9日又在新疆学院讲《五四运动之检讨》，发表在新疆学院校刊《新艺》第一期。

5月中旬，《新疆日报》副总编请他到报社讲创作经验，为新创刊的文艺副刊《绿洲》写一篇论诗的文章，因为新疆的文学青年都只会写诗，还没有人写过小说。茅盾写了《关于诗》和《青年的模范 —— 巴夫洛夫》登在《新疆日报》上，对诗的一些基本要求和特点进行启蒙讲解。5 月下旬，茅盾作了演讲《〈子夜〉是怎样写成的》。此外他还指导新疆学院的学生编写和演出了《新新疆进行曲》，写了《为〈新新疆进行曲〉的公演告亲爱的观众》，登在 5 月 26 日《新疆日报》上。

孟一鸣专程来看茅盾，提醒他已经有人背后讲闲话。茅盾很惊愕，自己不过做点文化启蒙性质的工作，没有涉及新疆时政，怎么会犯忌呢？孟一鸣说："因为你做的工作反衬出了他们的无能。看来盛世才对你还是器重的，所以要你担任《反帝战线》的主编，不过你拒绝了，他心里不会痛快，在这种情形下，有人从背后向你放冷箭是不足奇的，你要小心。"

茅盾又内定一条方针：除了非写不可的应酬文章，其他一概推掉，应酬文章也尽可能就事论事，把文学创作彻底"束之高阁"，文艺评论也尽量少写。并开始做脱离新疆的准备。所有寄往内地的信盛世才都要检查，他便每信必说自己水土不服，身体日衰，生活不便，孩子无法上学，眼疾、神经衰弱症频发，希望帮盛世才工作一段时间，为他培养一批人才，客客气气地来，又客客气气地走。

6 月初，盛世才召茅盾和张仲实到督办公署看一封电报，问他们认不认识打电报的人。茅盾一看，是赵丹、徐韬从重庆打来的，他们搞话剧的一行九人，愿意为建设新疆服务。茅盾知他们受了杜重远小册子的诱惑。他对盛世才说，这些人都是住惯大城市的艺术家，恐怕过不惯新疆的生活，除了演戏，也做不了别的事。盛世才让茅盾拟一份电报，说新疆条件艰苦，劝他们不必来了。不料，赵丹他们很快给盛世才回电，披肝沥胆说再艰苦也不怕，盛世才立即回电让他们来。

7月，盛世才请茅盾陪同英国驻中国总领事，因为他在国内外的名声，总是成为盛世才特选的陪客。不料杜重远心血来潮，率学生到北疆旅行，一面做抗日宣传，一面做社会调查，这次活动太过"招摇"，伊犁行政长姚雄郊迎十里，热情接待。姚是替盛世才打天下的功臣，被盛夺了兵权。盛疑心杜重远网罗党羽，勾结谋反，开始罗织"杜重远阴谋暴动案"。

7月起，盛世才请茅盾为各民族文化促进会培养青年干部。茅盾发现多数学员缺乏基本文化知识，但很用功，也很关心抗日战争。他找到一本《论持久战》，给大家讲解一遍。训练班只办了一期就停了，11月盛世才进行大逮捕，向少数民族干部开刀，训练班几个少数民族头面人物突然不见了。

8月初，盛世才打电话告诉茅盾，赵丹、徐韬一行到了迪化，要茅盾代表他去南梁的招待所欢迎，茅盾趁机提醒赵丹一行。盛世才安排赵丹一行组成戏剧运动委员会，归文化协会主管，边演边推广话剧。赵丹选定章泯的五幕剧《战斗》为第一次演出剧目，赵丹一行包演主要角色，几个配角请后台工作人员扮演，后来杜重远让新疆学院学生担任配角。经三星期排练，话剧《战斗》于9月18日正式公演，非常成功。它以新颖的形式、精湛的演技和感人的内容轰动了迪化，连续上演一个多星期。《新疆日报》出版了《战斗》公演特刊，茅盾写了《关于〈战斗〉》介绍和推荐。

10月，盛世才软禁杜重远，派人散布谣言，捏造杜重远阴谋暴动的罪名。11月，大批少数民族干部被捕。茅盾与张仲实感到形势险恶，找孟一鸣商量脱疆之计，孟一鸣分析，茅盾二人名声大，言行谨慎，应无大妨，但要等待时机，不宜贸然辞职。从此二人对一切机会都尽可能试试。12 月，塔斯社的罗果夫经新疆回苏联，通过苏联总领事和茅盾见了面，茅盾让他想办法安排全家去苏联。罗果夫和总领事商量，凡从新疆去苏联的中国人，必须得到盛世才的同意才行，他请茅盾一家去苏联做客无用。

1940 年 2 月，盛世才请张仲实单独到督办公署，张仲实在厢房空等两个多小时后，盛世才拿着一份极普通的材料，让他改一下。张仲实认为已受到怀疑，非常恐慌。2 月底，张仲实收到伯母去世的电报，给盛世才写信要请假回去安葬。盛世才同意有便机就可以走，但一直推说没有飞机，虽然空中经常有飞机飞过。

4 月 20 日，茅盾收到二叔从上海拍来的加急电报，他母亲于 17 日在乌镇病故。突如其来的噩耗令茅盾悲痛万分，想到母亲在弥留之际身边没有一个亲人，现在竟连奔丧都不行，不禁心如刀绞，深深自责。盛世才向以孝道教人，茅盾便向他请假回乡料理，盛世才爽快同意，并答应茅盾在新疆为母遥祭的请求。张仲实借机向盛世才提出，想和茅盾一家一道回内地，盛世才也同意了，在督办设盛宴为他们送行，但仍旧推说没有飞机。

在孟一鸣建议下，茅盾与张仲实去见苏联总领事，得知正好有一架飞机要从莫斯科来迪化，过了五一节就飞往重庆，不过要得到盛督办的同意才能搭乘。总领事替他们想了个办法，"五一"节那天，盛督办照例要请总领事吃饭，茅盾和张仲实定是陪客，可在席间当面问盛，不知道能不能搭这架飞机走？盛当着总领事必然会请总领事决定，总领事就当面答应，盛就不好再阻拦了。果然，这个办法成功了。

赵丹和徐韬向茅盾告别，心情很沉重，他们也遇到麻烦。为了消除盛世才的怀疑，他们辛辛苦苦编排歌颂"六大政策"的《新新疆万岁》，在"4·12"纪念日演出，因赵丹扮演的一个老官僚，外形酷似盛的岳父邱宗濬，邱宗濬当场拂袖而去，盛世才因此很不满意，没有一句好评。赵丹感到凶多吉少，要茅盾到了重庆就想办法把他们弄出新疆，茅盾答应了。

5月5日，盛世才赴机场送行。原定飞机从迪化直飞兰州，但12时却在哈密降落了，还要过夜。哈密行政长刘西屏匆匆赶到机场，把大家接到"外宾招待所"。这个不眠之夜让茅盾刻骨铭心，他们再次闯过鬼门关：

> 那个夜晚，刘西屏先后接到盛世才的三次电话。午夜十二时盛世才打来第一次电话，命令刘西屏把我和仲实扣留起来。过了半小时来了第二次电话，说先不要行动，让他再考虑考虑。午夜三点左右，他又打来第三次电话，说："算了，让他们走吧！"刘西屏怕他再反悔，一清早就急匆匆把我们送到飞机场，他想，当着苏联人的面，自然不便再扣留我们了。

我们的飞机终于越过了星星峡。几天之后，赵丹他们就被捕了，又过了一个星期，杜重远也终于锒铛入狱！

5月6日，飞机一到兰州，盛世才驻重庆的代表张元夫就把他们丢下不管。张仲实想去延安，孟一鸣告诉他，到了西安找八路军办事处就行。茅盾一家也决定先到西安，如果交通方便，就与张仲实一起去延安。

第九章 ——再 征

「我最终还是决定去重庆，因为我明白，我个人的幸福已牢牢地和民族的命运捆在一起了，只有争得了民族的自由与解放，我们阖家才有团圆的可能。」

延安行

　　1940 年 5 月 6 日，茅盾一家和张仲实抵达兰州，决定前往延安。从兰州到西安的机票很难买到，只能乘长途汽车。茅盾去找西北公路局沈局长，请他帮忙买汽车票，沈局长很快安排他们搭乘为青海活佛喜饶嘉措指派的专车。

　　5 月 14 日，茅盾一行坐上活佛的专车前往西安。途经华家岭时，突遇大雪，在山上耽误几天，19 日到达西安，住西京招待所。敌机炸坏了发电厂，整个西安没有电灯，侍役劝大家九点前不要

1940 年，茅盾在延安鲁艺讲课

睡觉，几乎天天晚上有空袭。七点钟警报响起，跟着人群往院子里的卡车上挤，刚把两个孩子推上去车就开动了。院子里还有几辆小轿车快开了，急坏了的孔德沚拉着茅盾刚钻进一辆，轿车就开了。到了城外一块麦田边，他们幸运地找到了田垄上的子女。

次日，茅盾和张仲实到七贤庄八路军办事处，意外见到周恩来和朱德。茅盾提出让周恩来设法营救杜重远。周恩来三月间经迪化回延安时，曾向盛世才提出让杜重远回延安，盛没有同意，只好慢慢想办法。周恩来听说他们想去延安，当即表示欢迎，建议他们过几天随总司令的车队一道走，可以保证安全。国民党的反共内战政策愈演愈烈，特务机关沿途设下重重关卡，随便抓人。到延安去的青年都要换上军装，充作八路军的人员，分批护送才行。

5月24日上午，朱老总和夫人康克清及随行人员、共产党的干部和各地奔赴延安的青年，组成车队，组长提醒大家，第一天在国民党地区过夜，下车后不要乱走，行动稍有不慎，就有被绑架的危险。当晚在铜川歇宿，临近子夜，国民党宪兵找上门来，声称奉命搜查可疑分子，副官同志亮出总司令的通行证，坚决拒绝宪兵的无理要求，才免除麻烦。

26日下午，茅盾一行抵达延安南郊的七里铺。张闻天和前商务印书馆虹口分店的廖陈云专程来迎接。茅盾夫妇和张仲实换乘小轿车进城，到南门外，各机关学校的代表在路旁欢迎，接着参加近百人的欢迎宴会，茅盾和张仲实暂住交际处。经过长达一年的新疆危难，他们总算"回家"了！

第二天张琴秋来看望，她是女子大学的教育长，建议亚男去女子大学，阿桑去泽东青年干部学校。阿桑从《西行漫记》上知道有个陕北公学，坚持进陕公。晚上，延安各界又在中央大礼堂开欢迎晚会，毛泽东和大家逐一握手问好，并和他们一起坐在第一排的长凳上。茅盾观看了鲁艺演出的《黄河大合唱》，非常感动。

28日，茅盾拜访毛泽东，请他营救新疆的杜重远和赵丹等人。6月初，毛泽东到交际处看望刚到延安的陈嘉庚后，来问候茅盾，送给他一本刚出版的《新民主主义论》，二人畅谈中国古典文学，毛泽东建议茅盾搬到鲁艺去。两天后，鲁艺副院长周扬来请茅盾搬到鲁艺。鲁艺的院长是吴玉章，实际工作由周扬抓。茅盾同周扬讲好，自己既不担负工作也不任教，因为在新疆一年，他深感落后于沸腾的生活，想多读点东西，再到前线、后方走走，体验体验生活。茅盾以"客人"身份在鲁艺住了近四个月，全面观察、了解和思考当时的社会面貌和文学界最新动态。

周扬安排茅盾在桥儿沟东山脚下的两孔窑洞住下，洞口向阳，光线充足，很安静也很舒适。窑洞前有一块平台，可以散步、乘凉、晒被子，平台下是翠绿的菜圃，桥儿沟著名的西红柿已开始成熟，再往前走，能听到潺潺的流水声。周扬还专门派来一个"小鬼"帮忙打水打饭。有事进城，还给派马。为"报答"主人的款待，茅盾向全院师生作了一次报告，漫谈创作经验，又受邀"客串"鲁艺文学系，讲中国市民文学发展史，这是茅盾延安时期思考的中心问题，他把市民文学视为"中国文学的民族形式"。

在延安文化界座谈会上，得知1940年《中国文化》创刊号发表毛泽东《新民主主义的政治与新民主主义的文化》，第二期又发表张闻天（洛甫）《抗战以来中华民族的新文化运动与今后任务》，他就借来细读，开始对文学的民族形式进行思考。茅盾又给文协延安分会机关刊物《大众文艺》写了《谈〈水浒〉》《一点小小的意见》。向文学青年介绍如何阅读和学习文学作品、如何"炼句"，并为纪念鲁迅先生诞辰六十周年和逝世四周年，写了《为了纪念鲁迅的六十生辰》《关于〈呐喊〉和〈彷徨〉》，将1934年鲁迅为他亲笔誊写的短文献给展览会。

茅盾对鲁艺的教学氛围推崇备至。他说，鲁艺不采取"填鸭式"的教学方法，而采取"启发式"，以学生自动研究为主，老师讲解为辅，他认为这才是文艺应有的活泼的"民族形式"。他描述道：

> 鲁艺的教学，注重实践，譬如戏剧系和音乐系"实践"的场所是经常演出——开晚会，美术系有"美术工场"，文学系则有他们的壁报和延安出版的各种刊物。此外，还采取走出校门的办法，如组织混合的艺术队，到边区各县流动演出和宣传；或编成小队，"扎根"到一地，参加当地的实际工作，体验和充实生活。

> 鲁艺的另一门主课是生产，这是全体学生、教员、工作人员的共同科目。他们在桥儿沟的川地上种西红柿、黄瓜、洋白菜和辣椒，但大多数人是到一二十里以外的荒山上去开荒，种上谷子、土豆，然后按农时上山间苗、锄草和收获。

7月底，茅盾看到孔罗荪编的《文学月报·文艺的民族形式问题特辑》，刊有重庆文艺界就向林冰提出的"民族形式的中心源泉"问题座谈会讨论内容。为全面了解这场论争，茅盾到鲁艺搜集相关材料。自从毛泽东1939年下半年提出"中国老百姓所喜闻乐见的中国作风和中国气派"，重庆文艺界展开关于民族形式问题的讨论。1940年3月，向林冰在《大公报》提出"民族形式的中心源泉"，说"'五四'以来的新文艺形式，是缺乏口头告白性质的、畸形发展的都市的产物"，在创造民族形式的起点上，"只应置于副次的地位"，现实主义者"应该在民间形式中发现民族形式的中心源泉"。葛一虹率先反驳，引发争论。《文学月报》《新华日报》相继组织座谈会，多数人不同意向林冰的观点。

9月6日，茅盾在《中国文化》发表《旧形式、民间形式与民族形式》，指出向林冰的"中心错误"，是把民间形式简单化为"口头告白"，殊不知"口头告白恰恰是中国封建社会最落后阶层的产物，是被封建社会一般低下的文化水准所扭曲而成"，并不是什么"民族形式"的特征。向林冰的主张，"不但是向后退的复古的路线，而且有'引导'民族形式入于庸俗化与廉价化的危险"。他认为：

> 新中国文艺的民族形式的建立，是一种艰巨而久长的工作，要吸取过去民族文艺的优秀的传统，更要学习外国古典文艺以及新现实主义的伟大作品的典范，要继续发展"五四"以来的优秀作风，更要深入于今日的民族现实，提炼熔铸其新鲜活泼的质素。

9月下旬，张闻天到桥儿沟找茅盾，转达周恩来希望茅盾到重庆的意见。原来蒋介石下手谕逼郭沫若领导的第三厅全体人员加入国民党，郭沫若与大批三厅工作人员以辞职进行抗议。周恩来对政治部部长张治中说，第三厅这批文化人国民党如果不想要，共产党就要了。蒋介石被迫挽留郭沫若，请他主持文化工作委员会，但抗日宣传工作大受钳制。周恩来考虑茅盾在国内外的名声，国民党会有所顾忌，到国统区工作，影响和作用会更大些，让他担任文化工作委员会常务委员。

茅盾当即表示："既然那边工作需要，我听从分配。两个孩子

《锻炼》手稿

就留在这里。"他对张闻天说:"有一件事原来想找个机会正式向你提出的,现在来不及了,只好简单地讲一讲。我请求党中央研究一下我的党籍问题,如能恢复党籍,一则了却我十年来的心愿,二则到了重庆也能在党的直接指挥下进行工作。"张闻天提交中央书记处研究,书记处认为他目前留在党外,对今后的工作,对人民的事业,更为有利。

1940 年 10 月 10 日,茅盾夫妇随董必武的车队离开延安。这一次,他是按照党组织的安排,以党外人士的身份,再次启程,踏上新的征途。

从重庆到香港

　　董必武的车队在宝鸡遭遇国民党当局刁难，整整耽误一个月，11月下旬才到达重庆。茅盾夫妇暂住"山上"红岩八路军办事处，离"周公馆"很近。第二天，周恩来对茅盾说："请你来担任文化工作委员会的常务委员，是给你穿上一件'官方'的外衣，委员会的实际工作自有别人在做，不会麻烦你的。你还是发挥你作家的作用，用笔来战斗。"他让茅盾主持《文艺阵地》复刊，扩大进步文艺的影响，团结和教育群众。

　　第三天，邹韬奋和徐伯昕来请茅盾重新主编《文艺阵地》。茅盾夫妇搬到生活书店门市部。生活书店的五十余个分店，现在只剩下重庆总店和贵阳、桂林、香港三个分店，其余都在这两年横遭国民党查封了。蒋介石让戴笠亲自劝邹韬奋参加国民党，被拒绝了；又要求将生活书店与国民党正中书局、独立出版社"合并"，也被拒绝了；最后强行向书店派员，威胁说如不接受，生活书店将全部消灭。邹韬奋答之："宁为玉碎，不为瓦全！"图书审查空前严苛，茅盾临危受命，肩负坚守文艺阵地、力挽狂澜的历史使命。得到消息的文化界朋友络绎不绝来看望，与茅盾紧密团结在一起。

　　12月1口，茅盾夫妇搬到枣子岚垭良庄，与沈钧儒做邻居。安置停当，他便摊开纸砚，为邹韬奋主编的《全民抗战》写《旅途见闻》，把一直想写的大西北见闻写下来。但天天有重要的事等着他去做，未能连续写下去。

茅盾刚到重庆，杜重远被盛世才硬栽上"与汪逆精卫勾通"的罪名，孙科、冯玉祥、黄炎培等纷纷致电盛世才为杜重远辩白，茅盾作为重庆唯一知情者，有义务为大家介绍杜案经过和盛世才其人。根据周恩来意见，大家推举茅盾起草电报，以私人名义联名给盛世才去电，要求盛世才把杜重远送回重庆审理。茅盾花了一天时间用文言写了一千多字的电文，既婉转又严正地申辩杜重远绝不可能"通汪精卫"，要求将杜案移重庆复审，沈钧儒、邹韬奋、郭沫若、沈志远和茅盾等人署名，一星期后收到回电，只一句话："在新疆六大政策下没有冤狱。"大家都气得发抖。一批外国记者要求和茅盾座谈，专谈新疆内幕，请龚澎任翻译。茅盾介绍了新疆的政治情况和各种矛盾现象，揭露盛世才其人及其伪装进步的种种手法，介绍了杜重远、赵丹等被无故关押的经过，作为背景材料供记者们参考。

重庆文化界为使各种活动少受当局干扰破坏，茅盾总是被邀参加。12月2日下午，茅盾出席田汉主编的戏剧春秋社讨论戏剧民族形式问题座谈会，指出建立中国文艺的民族形式，要紧的是深入今日中国的民族现实，只有根据现实生活的需要，才能更正确地接受固有的遗产和外来的影响。8日，受张西曼之请参加中苏文化人联欢会，茅盾介绍了延安文艺运动新面貌，发言内容修改后发表在《中苏文化》。当晚，又参加全国文协总会关于小说创作的专题讨论会，指出要深刻观察人物，必须主观上有一个尺度，作家对于社会万象、人事演变所取的态度，必须是合于人类生活演进的历史规律的，发言整理成《关于小说中的人物》发表在《抗战文艺》。

12月28日，文化工作委员会召开第一次文艺演讲会，郭沫

《白杨礼赞》

若主持，老舍报告一年来文协的工作。茅盾第一个演讲，介绍敌后抗日根据地的文艺运动，虽未产生"伟大作品"，但文艺运动的社会影响和对文艺青年的培养、在全国各地开展的文艺活动之蓬勃，实达到空前盛况。发言整理成《今后文艺界的两件事》，作为"星期论文"在《大公报》发表。

楼适夷主编的《文艺阵地》在上海不能公开发行，半年前，国民党借口该刊未经图书杂志审查会审查，在内地不许发行。重庆文化人集中，非常需要一个大型文学刊物。屡经周折，终于弄到审查证。茅盾向各方征集第一期稿件。楼适夷不能来重庆，茅盾又有许多重要任务，便组织七人编委会，由叶以群实际负责，每期稿件都经茅盾过目。他发现，叶以群是周恩来派来专门"照顾"他的联络员，凡党内重要活动或会议、他与党的联系，都由叶以群传达，直到1948年底。

1941年1月10日，《文艺阵地》复刊，有沙汀的小说、艾青的长诗、张天翼的论文及曹靖华和戈宝权翻译的纪念列宁逝世的文章等。茅盾写了散文《风景谈》，通过写延安的"风景"，把政治寓于风景之中，居然通过审查，全文登出来了。董必武读了文章后对茅盾说："国民党审查官低能得很，你谈风景，他们就没有办法了。他们只忌讳'解放'，把'妇女解放'都改成了'妇女复兴'。"《文艺阵地》复刊后大胆创新，增加了"杂感"栏，专登杂文。茅盾的出发点是,《文艺阵地》要发扬现实主义传统,在当时恶劣的政治环境下,杂文作为锐利的匕首,要充分发挥它突击队的作用。

1941年1月,震惊中外的皖南事变发生后,重庆文艺界的一切活动都停顿了。2月4日起《新华日报》被没收,报童遭捕殴,发行所被特务捣毁。周恩来认为,今后重庆的环境会更加险恶,斗争将更复杂,重庆的文化人太集中,需要适当疏散,初步决定,郭沫若留下,茅盾刚从延安到重庆,目标太大,安排他与夏衍、范长江、邹韬奋、叶以群等到香港去开辟"第二战线",等戒备森严的国民参政会闭幕之后才能离开。为防茅盾突然"自行失踪",徐冰将他送到离重庆二十公里外的南温泉暂避,等待的日子,茅盾就继续写"见闻录",一口气写了六篇,包括著名的《兰州杂碎》《风雪华家岭》《白杨礼赞》《"雾重庆"拾零》。二十多天后,行动的消息来了,又一周,茅盾抵达香港。

茅盾一到香港,朋友们纷纷来旅馆看望。丘吉尔上台后,港英当局对日本日益强硬。文协香港分会在香港的活动有声有色。第二天,夏衍和范长江奉周恩来的命令到香港办《华商报》,4月8日就要创刊,向茅盾紧急约稿,要一个

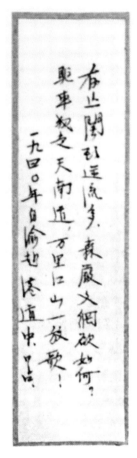

1940年,自重庆赴香港途中口占旧体诗

长篇连载。茅盾将《见闻录》交出，取名《如是我见我闻》，又补写了《弁言》、六篇记录离开延安到重庆、五篇离开重庆到桂林的"见闻"，在《华商报·灯塔》连载 29 期。5 月中旬，又突来紧急任务，为邹韬奋主编的《大众生活》写长篇小说连载。

邹韬奋到香港的任务是配合和支援报纸，办政论性和文艺性刊物。曹克安先生已在香港政府登记注册《大众生活》，还没找到主编，邹韬奋想作为 1935 年《生活》周刊的复刊，二人一拍即合，曹先生挂名社长，邹韬奋负全责。5 月初，邹韬奋邀请金仲华、夏衍、千家驹、胡绳、乔冠华及茅盾组成编委会，决定每逢星期六出刊，最迟 5 月 17 日复刊，编委每人每期供一篇稿，为扩大销路，还要一个能吸引香港读者的长篇小说连载，邹韬奋专程从九龙到香港找茅盾约稿。送走邹韬奋后，茅盾坐下来思考写什么好。香港及南洋一带的读者喜欢看武侠、惊险小说，这种小说他写不来。但想到国民党特务机关的内幕和抓人杀人的故事，也有一层神秘色彩，如果写成小说，既对普通读者有吸引力，又有战斗意义。茅盾曾听到抗战初期，特务机关用战地服务团的假招牌，招募和强迫热血青年，强迫他们当特务的内幕，还有邹韬奋遇到过陷进特务机关的青年，偷偷与进步人士联系，得到帮助跳出火坑的故事。为了更紧密地结合时代氛围，茅盾把故事背景放在皖南事变前后，揭露蒋介石勾结日、汪，制造"千古奇冤"的真相。按照茅盾写作长篇的习惯，预先准备，再列提纲和人物表，一周时间无论如何不够，于是决定采用日记体，故事可以自由穿插。他选取一名女性作主人公，在日记中可以展开细腻的心理描写，而且女特务也更有吸引力。小说最后取名《腐蚀》，书前加了一段小序，假称日记是在重庆某防空洞发现的，这就更调动读者的胃口了。

《腐蚀》几乎是一气呵成。这得益于孔德沚为他找到香港半山的坚尼地道寓所。孔德沚一到香港，见茅盾还住在旅馆，就说："靠你这点稿费，没有资格长期住旅馆。"第二天傍晚她就找好了一栋附有花园的两层小洋房，他们租住在装了玻璃窗的阳台，面对花园，环境十分幽静。

《腐蚀》

《腐蚀》一发表便大受欢迎，吸引了香港、南洋众多喜爱惊险小说的读者，反响十分强烈。原计划写到女主人公的爱人小昭牺牲就结束，连载到十四期时，邹韬奋对茅盾说，不少读者来信，希望茅盾再续写下去，给主人公一个光明的前途。茅盾本来已经在筹备文艺期刊《笔谈》的创刊，现在只得把这本"日记"续写下去，在后面加上一段，女主人公被派到某大学区当邮检员，帮助刚陷入特务罗网的女学生逃出火坑。她自己的前途，也用革命者对她的期望作结："生活不像我们意想那样好，也不那样坏。只有自己去创造环境。……她一定能够创造新的生活。有无数友谊的手向她招引。"

《腐蚀》连载完毕，上海华夏书店10月就赶印了单行本。但太平洋战争爆发，《腐蚀》引起的轰动很快就被战火湮没了。日本投降后，上海知识出版社重印《腐蚀》，运到重庆等地出售，再次引起内地的轰动。不少报刊发表文章，称赞它是"当前政治有力的诤言"，"是一部用血写成的特务反动分子罪行的记录"，"是胜利后一本最受欢迎的书"等等。国民党紧急密令"特务"到各书店查禁；共产党则在各解放区翻印，向广大群众推荐，有的单位甚至把它规定为学习材料。茅盾说：

> 在我所写的长篇小说中，《子夜》是国外版本最多的，而《腐蚀》则是国内版本最多的。想不到作为"紧急任务"赶写出来的这部小说，竟发生了如此广泛的政治影响！

不料新中国成立后，对《腐蚀》的看法有了分歧，主导意见是不该给满手血污的特务自新之路，说"这是一本对特务抱同情的书"。1954年人民文学出版社重印《腐蚀》时，茅盾说："在考虑了这几年来我所听到的关于《腐蚀》的几种意见以后，终于不做任何修改。"

1941年，国际国内形势风云突变，希特勒席卷大半个欧洲，并以三百万大军向苏联进攻，10月底攻抵莫斯科近郊；日军向东南亚挺进，占领安南，入侵爪哇；国内皖南事变后，内战危机空前严重。茅盾认为这样严峻的形势下，作家不应只关心文艺问题，还应拿起杂文这把匕首，像鲁迅那样，为读者痛快淋漓地剖析当前的形势，揭露敌人的阴谋诡计，针砭社会的黑暗与丑恶，指出民生疾苦的根源。他把撰写杂文作为自己分内的任务，除写《腐蚀》和讽刺某些"发抗战财"的"抗战到底派"的短篇小说《某一天》外，他写了近百篇杂文。他还写了少量文艺评论，其中《谈技巧、生活、思想及其他》反映了茅盾这一时期主要的文艺思想，指出文艺作品不仅要"向生活学习"，也不仅要有"技巧"，更重要的是要有反映时代的"思想深度"：

> 文艺作家以表现时代为其任务，要而言之，就是要表

现时代的特征，表现从今天
到明天这一战斗的过程中所
有最典型的狂澜伏流，方生
方灭以及必兴必废。

茅盾赴港开辟"第二战线"
的任务是办一个文艺刊物，因
先要支持《华商报》和《大众生
活》，茅盾接下了两个"紧急任
务"，一直到 7 月底，才有了点
眉目。茅盾认为大型的文艺刊物
不适合当时的环境和气氛，中型
的文艺刊物已经有了周鲸文和端

1941 年，茅盾在香港主编的《笔谈》

木蕻良主编的《时代文学》，纯文艺刊物战斗性还嫌不够，决定办
小品文期刊《笔谈》，仍请曹先生挂名社长，把编刊宗旨和要求，
写成"征稿简约"向各地的朋友发出去，稿件很快就齐了。

9 月 1 日，《笔谈》创刊，仍是茅盾唱"独角戏"，栏目有杂感
和随笔、掌故轶闻、游记与印象、译文、诗、小说和报告、书报春
秋、时论拔萃及杂俎等。重头稿件是两个连载札记，柳亚子专谈
辛亥革命前后掌故的《羿楼日札》和茅盾自己专谈大革命前后掌
故的《客座杂忆》。《笔谈》甫一出版，广受欢迎，创刊号不到五
天就出了再版本。第七期出版后第七天，太平洋战争爆发，茅盾
的一切活动都被迫停止。

撤离香港

1941 年 12 月 8 日清晨，日本军队沿广九路进攻九龙新界，轰炸启德机场，太平洋战争爆发。叶以群通知茅盾，共产党在香港的负责人廖承志打算安排文化人撤离香港，已经准备了一个临时避难所。第二天，邹韬奋全家从九龙逃到香港，临时安排在两间空荡荡的大屋子，邹韬奋是个书呆子，生活能力极弱，他找到茅盾，想和茅盾住一起。茅盾的房东怕被连累，把茅盾放在地下室的两篮书籍、信件和底稿直接烧了，请茅盾立即搬家。午饭后，有人来找邹韬奋，说他们两个目标都太大，住在一起不妥。邹韬奋被劝回空屋子。

茅盾夫妇到事先安排好的舞蹈学校，以"九龙逃来的难民"身份租住下来。晚上及第二天，叶以群、戈宝权、宋之的一家及另外几位，相继前来，大家都没带吃的。孔德沚毅然单身回旧寓"抢救"生活物质，这是战争第一天她辛辛苦苦采购的，足够用两个月。香港战争最激烈的十五天，大家彻底隐蔽在跳舞厅。

12 月 24 日，前线移到一箭之遥的交叉道口，机关枪和大炮声中时起时落，一颗炮弹落在跳舞厅屋顶，炸开一个小天窗。为避免巷战风险，大家紧急开会，决定搬到市中心中环去。第二天住进中环德辅道大中华大旅社，26 日清晨，街上站岗的已是日军。27 日，日军要征用旅社，大家又不得不搬到一家条件很差的三等小旅馆。四天后，叶以群带回消息，旅馆是日军清查"反日分子"

的首批目标，不能久住，共产党已为香港的文化人布置了三条撤离路线，准备让最惹敌人注意的茅盾单独撤离。茅盾坚持和孔德沚一起走，宁可等下一批再撤。第二天，叶以群为茅盾夫妇在西环找到房子暂住。

1942年1月9日，戈宝权把茅盾接到东环贫民住宅区，换上唐装，带上一本《新旧约全书》作伪装，夹在难民中向铜锣湾出发，傍晚到达埠头，登上一艘类似"无锡花舫"的大船，全是熟面孔。大家晚上就在船上休息，次日一早过海到九龙。茅盾一行是第一批从这条路线撤退的，后来有上千文化人，陆续沿这条路线回到内地。这是抗战以来共产党组织的最伟大的一次抢救工作。

黎明前，大家摸黑从大船转移到三艘小艇，在雾色迷蒙的海面，衔尾而行，东方泛白时，抵达九龙红磡，跟着向导进了市区一栋讲究的房子，养精蓄锐，准备第二天开始长途跋涉，女主人彻夜为大家缝好包袱布。次日清早，茅盾夫妇与邹韬奋、叶以群和戈宝权等，随向导加入从九龙往外疏散的难民洪流，沿青山道向深圳方向行进。到了荃湾，走上一条通往元朗的小路，预备从元朗到宝安，再经东江游击区到内地。东江游击队司令部位于最深的敌占区白石龙，紧挨着九龙新界，过了元朗，就进入东江游击区。

翻过一座小山，进入九龙大帽山区。游击队司令部向大帽山区派出一支手枪队，与当地"山大王"打了招呼，要他们协助保护文化人。歇脚之后，就开始走山路，茅盾记下了当时的情况：

> 这一天，我们走了七十里路，而且多一半是山路，这在我是有生以来第一次。使我惊讶的是德沚迈着两只解放脚，居然也跟过来了。最倒霉的是韬奋，他在半路上扭伤了脚，只得一跛一拐地走，到达宿歇地，脱下袜子一

看，脚跟已经红肿。德沚找出万金油给韬奋搽上，但不知有无效果。我真担心，明天的几十里路韬奋怎么走？

连续通过敌人的几道关卡，各种急行军，没有了挑夫，包袱得自己背，通往白石龙的最后一天，花钱请伪乡长让四个日本兵带队，日本兵"押着"大家走了七里多路，到达一个木板搭的瞭望哨，让大家自由地往前走。大伙急匆匆通过一片已收割的稻田，爬上灌木茂密的山坡，抬头望去，横在前面的是一片青翠的连峰，山那边就是游击区了。大家都松了一口气，忘记"急行军"的疲倦，一口气爬过梅林坳，到达白石龙。

在山坳树林里的草棚休整几天后，为分散目标，按三五人一组，配备向导和护卫，主要靠走夜路，分头穿过敌人的岗哨和突袭。邹韬奋的家人过两天就到白石龙，大家劝他留下，茅盾别过邹韬奋，不料却成永诀。茅盾后来在桂林写了报告文学《虚惊》，描述这次行军之苦和沿途之险：

> 虽然翻了一座大山，我和德沚也没有掉队，而这一夜的路程远不止五十里。我们大概进入了非安全区，护送者一再制止我们抽烟和打手电。半夜我们到了歇宿地，发现这里有敌情，我们的部队已经转移。于是我们急匆匆向十里外的另一村子转移。不料到达那里情况又变了 —— 敌人忽又逼近这方面来了。我们只得再作转移，仍旧回到原来的村子，没有进村，就和衣露宿在附近的山岗上。

行军到惠阳的路上，惊险不断，直到最后一夜：

> 那时我正在德沚的前面摸黑走着，只觉得脚踩到了石板上，这莫非是桥？正想着，就听得后面扑通一声，回

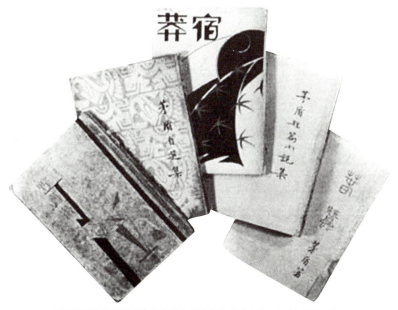

《野蔷薇》《茅盾自选集》《春蚕》《宿莽》《茅盾短篇小说集》的初版书影

过头去，身后的德沚已经不见。我连忙大叫："不好了，不好了，德沚掉下河里去了！"用手电往下照，深深的竟不见底，只听得哗哗的水声。我骇呆了，闻声奔来的人也都吓慌了。这时，桥下却传来了德沚的声音："还没有死呢！可是怎样上去呀？"这真是奇迹！原来当时是枯水期，德沚正好跌在近岸的水草和烂泥里，竟一点没有受伤。上岸之后，她还坚持走到了惠阳。

在惠阳休息三天，正月初三，在东江游击队的安排下，茅盾一行挤上一条大木船，沿东江逆流而上，元宵节到达老隆，化名"义侨"，搭上一辆到曲江的军用卡车。1942年3月9日，终于乘火车到达桂林，整整走了两个月。

桂林休整

桂林是抗战中的文化名城。广西当局为抗衡重庆方面的压力，招揽大批进步文化人到桂林工作，创办了许多进步刊物，皖南事变后，图书检查和限制虽然加严，登记的书店和出版社仍有六十多家。从香港脱险的文化人，投奔桂林成为首选。茅盾初到桂林，对他而言首要的是进行全面的观察与思考，有个安静的写作环境就可以了。不料桂林房子十分紧张，孔德沚奔波一星期仍无结果。最后，叶以群介绍茅盾结识共产党桂林文化战线的负责人邵荃麟。邵在文化供应社主编《文化杂志》，他把自己宿舍的厨房让给茅盾夫妇。厨房改成的房间只够放一张双人床和一张桌子：

> 那时我的小房内没有电灯，晚上照明靠一盏"吸油如鲸"的桐油灯。我的眼睛又有病，晚上不能写作，只能在白天与德沚合用那张唯一的方桌：德沚在房门口烧饭，油盐酱醋的瓶瓶罐罐占了半张桌子，我就利用另一半桌子，歪坐在竹凳上，写我的小说。

茅盾必须卖文求生，但报刊的约稿他都婉拒了。桂林的图书检查已十分严厉，人身自由又无保障，短论或杂文之类的"投枪"不仅通不过检查，反而陷自己于不利。他就动笔把香港战争前后芸芸众生的各种面相，形诸笔墨，写报告文学《劫后拾遗》。许多小书店的老板登门求见，要出版他的书，稿费从优，他均未轻允。学艺出版社来求茅盾支援，一谈才知是生活书店桂林分店的化身，他立即答应将《劫后拾遗》交它出版。出版社主动提出预支稿费，且某些章节可先发表。《劫后拾遗》5 月 1 日脱稿，生计问题暂时缓解。

有人告诉茅盾，重庆对邹韬奋发出就地惩办的通缉密令，他已不在白石龙了。重庆政府又通电广西当局，说中央对香港脱险的文化人将有所借重，不得给他们安排工作。5 月初，CC 系文化特务刘百闵找到茅盾，说蒋介石特意派他来请茅盾回重庆。茅盾预料蒋介石想把他置于中统和军统的严密监视之下，没有答应。刘百闵又去请张友渔、沈志远、千家驹、金仲华、梁漱溟等，大家都不想冒风险。刘百闵不敢回重庆，淹留桂林，挨家登门继续游说，"其恳切之态可掬"。

茅盾在桂林休整，没有特殊任务，正好静心创作长篇，了却一点未实现的计划。现实生活不能写，但已成为历史的五四运动到 1927 年大革命却可以写。他对《蚀》的三部曲不太满意，一直想从社会、思想变迁的角度再作整体审视，实践一下在小说中体现"中国作风和中国气派"的雄心。他从自己熟悉的知识分子入手，他们的命运与思想变迁，深刻地打上了这段历史的烙印。他为小说取名《霜叶红似二月花》，暗示书中的主人公大多是霜叶而不是红花，他们有革故鼎新的志向，但看不清方向。当革命的浪涛袭来，他们投身风浪之中，革命一旦退潮，他们又陷于迷茫，或走向个人复仇或消极沉沦。原计划规模较大，第一部写"五四"前后，第二部写北伐战争，第三部写大革命失败后。但完成第一部十五万字，他就离开桂林去重庆，未能续写下去。

邵荃麟多次请茅盾为文协桂林分会讲习班讲课，他都以写《劫后拾遗》为由一再推辞。4 月中旬，不好意思再推，就漫谈式讲了一课，讲课记录稿修改润色后，5 月以《杂谈文艺修养》在《中学生》杂志发表。开了这个头，他就不得不经常为各种刊物写文章。他答应将《霜叶红似二月花》交给华华书店出版，老板孙怀琮又来约稿，说茅盾谈文艺创作的文章最受文学爱好者欢迎，容易通过图书检查，还可以缓解生活压力。茅盾便写了一篇漫谈如何收集题材的《有意为之》交给他的《新文学连丛》，又集中写了一批谈创作技巧的文章，有《大题小解》之一、之二，《谈人物描写》，探讨中国叙事诗的《"诗论"管窥》，交给《耕耘文丛》《青年文艺》《诗创作》等刊物发表。在写《霜叶红似二月花》同时，他陆续写了文艺评论十余篇、杂文和短论约十篇、短篇小说和报告文学七篇。

6 月下旬，《艺术新丛》《人世间》《种子》《山水文艺丛刊》等好几个刊物同时向茅盾约稿，茅盾就在阴雨绵绵中连写四篇杂文，为过检查关，他漫无边际地说古论今，把思想寓于"清谈"之中，取名《雨天杂写》，后又加写一篇，编入《时间的记录》。

面对森严的文网，茅盾当时"只想认真把《霜叶红似二月花》写好，聊以换米，同时悄悄地为将来要写的一部反映抗战全貌的规模宏大的长篇作素材积累的准备"。不料为支持熊佛西创办大型文学刊物《文学创作》，他在短短四个月中接连写了七个短篇和报告文学。

8 月，熊佛西认为桂林缺少能长期坚持的大型权威期刊，雄心勃勃要创办一个大型文学刊物《文学创作》月刊，找柳亚子、田汉和茅盾商量，要他们每人每期至少提供一篇稿子。1921 年茅盾和汪仲贤发起民众戏剧社时，就认识了熊佛西。30 年代，熊佛西从美国研究话剧回国，成了有名的戏剧家，在北京大学当教授，颇受国民党尊重。当时特殊的政治环境下，支持熊佛西创办《文学创作》，比亲自上阵更为有利。茅盾被熊佛西派定写小说，不得不改变长篇写作计划，写了《耶稣之死》《列那和吉地》《虚惊》三个短篇。

《文学创作》创刊后，很快在西南打开局面，郭沫若、老舍、朱自清、欧阳予倩、张天翼、臧克家、沈从文等纷纷写稿支持，第一期发行三千份，第二期就印五千份，第三期突破八千份，后来更冲破万份大关。1943年国民党广西省政府查封大批刊物，唯独《文学创作》得以保存，直到桂林沦陷。《文学创作》第四期出版时，茅盾离开桂林到重庆后还写了三篇小说继续支持。

10月底，经过反复权衡，茅盾决定离开桂林去重庆。对他个人来说，写完《霜叶红似二月花》是强烈的意愿，但国难之际，更大的责任感使他无法淹留桂林。桂林虽比重庆自由，但书报检查和森严的文网，文化人难以发挥应有的作用。特务组织慑于广西派的压力，暂时不敢滥下毒手，但"秘密绑架"甚至"就地处置"的危险随时存在。茅盾夫妇最大的牵挂是延安的儿女。但蒋介石派刘百闵请大家到重庆，茅盾是重要目标，想到延安去是不可能的，如果以蒋介石"请"去之名到重庆，反而可以与中共办事处和周恩来联系，与留在重庆的郭沫若、老舍、阳翰笙等人配合，发挥更大的作用：

> 我最终还是决定去重庆，因为我明白，我个人的幸福已牢牢地和民族的命运捆在一起了，只有争得了民族的自由与解放，我们阖家才有团圆的可能。

他写下一首五言《感怀》，寄托对儿女的思念，其中有几句写道："桓桓彼多士，引领向北国。双双小儿女，驰书诉契阔。梦晤

《感怀》手迹

如生平，欢笑复呜咽。感此倍怆神，但祝健且硕。中夜起徘徊，寒螀何凄切！"

恰好叶以群来信催茅盾到重庆主编《文艺阵地》，茅盾便通知刘百闵，长篇小说已告一段落，准备到重庆去编杂志，不日动身。刘百闵喜出望外，他到桂林五个月，名单上的人未请动一位，茅盾主动要到重庆，真是喜从天降，提出盘缠由政府解决，茅盾果断谢绝。事实上，茅盾夫妇除了买米的钱，已无余款，身上穿的还是逃离香港时的"唐装"。茅盾请孙怀琮预付了《霜叶红似二月花》的稿费，又编了几本集子填补空腰包，将《华商报》连载的《如是我见我闻》，增删润色后编成《见闻杂记》，交给文化供应社出版，后转给文光书店，应柔草社之请编定《白杨礼赞》，还为民范出版社编了一本《茅盾自选短篇集》，未能通过审查。

筹措好路费，茅盾夫妇就离开桂林再赴重庆。

重庆三年

1942 年 11 月 29 日，柳亚子、田汉夫妇等请茅盾夫妇吃桂林三宝之一的月牙山豆腐。朋友们有感于国事之艰，文网森严，聚散无常，在一条横幅上即兴赋诗、作画、签名，为茅盾送行。柳亚子连题两首，其一为："远道驰驱入蜀京，月牙山下送君行。离情别绪浑难说，惜少当廷醉巨觥。"刚好田汉长子海男在军校，要去重庆，一路可以保护他们。

12 月 3 日，茅盾夫妇与海男登上桂林到柳州的火车，在柳州过夜。趁孔德沚上街，房内只有茅盾时，一个獐头鼠目的小特务来敲门，拿出两张纸，一张写着：查沈雁冰、邹韬奋系异党分子，有不轨行为，着各地分处、分局留心稽查他们的行径。下面盖着中统局的章。第二张写着沈雁冰和陈培生。茅盾无所谓地笑了笑，小特务说："沈先生不要以为这是开玩笑，我吃的就是这碗饭。明天火车上就有一个人和您同行，这人是我的上司，我们奉命陪送您到重庆。"晚上，茅盾告知孔德沚和海男，海男说："难怪在旅馆饭厅碰到了姓陆的中统特务，桂林和柳州

1943 年，在重庆的茅盾

都有他的办事处。"第二天去金城江的火车上，小特务果然跟一个中年胖子坐在附近。

到了金城江，茅盾很顺利地买到次日去贵阳的汽车票，售票处无论如何都不卖票给海男，特务显然要亲自"护送"。一路上，有了中统的"保镖"，买票、食宿都不用费心，1943年1月到达重庆，姓陆的在车站出口把他们交给另一伙，他们简单的行李"遭到了十分彻底的检查，连干鱼的肚子都搜查到了"。在特务监视下，茅盾开始了三年雾都生活。他说："我当时对形势的估计没有错，我在桂林所下的决心是正确的，它使我赢得了三年宝贵的时间，得以尽我所能为中国人民解放事业多做一些工作。"

确实如此，光未然听说他和邹韬奋一同殉难了，悲痛地为他举行了追悼会，还写了一首《我的哀辞》。文艺界隆重庆祝茅盾五十寿辰时，光未然写信给他，激动地说："您居然违背了某些人的心愿，没有死，而且继续写了更好的东西，而且让我们替您祝寿，而且您还会更扎实，更坚强地活下去和写下去。"

茅盾夫妇暂住生活书店楼上，重庆连遭轰炸，房荒严重，茅盾建议"搬到乡下住"。"第一，远离市井的喧嚣，可以潜心写作；第二，空气新鲜，有益健康；第三，不必躲警报"，只是进城办事不甚方便。孔德沚同意了。他们搬到三十里外唐家沱国讯书店库房："平时我们不走前门，而走后门。从后门出去是块草坪，草坪的尽头是天津路，再过去便到江边了。公路上车辆不多，环境很幽静。"特务也跟着来了：

> 我们搬去不久，一间草棚就对着我们的后门搭了起来，里面摆上了香烟摊，据说这是中统派来监视我以及与我来往的人的。我们在唐家沱一住三年，那个小特务也

伴了我们三年，到后来我们成了老邻居，见面点头，德沚
还不时去照顾他一点生意。

为了进城方便，茅盾租了一条小船，一两周进城一次，当天回
来。事情太多时，就在文协楼上住几宿。茅盾是来编《文艺阵地》
的，可国民党不让刊物在重庆以外发行，一出市区即被查扣，难以
维持，只得停刊。重庆的进步文艺期刊不多，文网森严，为争取
编刊物，茅盾与国民党中宣部部长兼文化运动委员会主任张道藩
展开有策略的交涉与"合作"。2月初，张道藩代表政府设家宴欢
迎茅盾，希望茅盾与政府合作。茅盾说希望能多为抗战出一份力，
但《文艺阵地》出了重庆市就被查扣，要主编一个文学杂志，内政
部又迟迟不发登记证，能否请张道藩帮个忙。张道藩说一定帮忙，
却转而请茅盾为《文艺先锋》写稿，茅盾答应安定下来再说。但
茅盾筹备的文学期刊，在张道藩"关怀"下，无果而终。茅盾因此
引来朋友阵营的微词，叶以群将闲言碎语透露给他，他说：

> 为什么我们的工作方式只能是剑拔弩张呢？我们不
> 是还在和国民党搞统一战线吗？只凭热情去革命是容易
> 的，但革命不是为了去牺牲，而是为了改造世界。要我与
> 张道藩翻脸，这很容易，然而我的工作就不好做了。想当
> 初让我到重庆来，不是要我来拼命，而是要我以公开合法
> 的身份，尽可能多做些工作。

编刊物成了画饼，在物价飞腾、米珠薪桂的年代，茅盾陷入困
顿。好在他写文章能得到优厚的报酬，还能预支。但文网森严，
只能少写短论和杂文，他便写了三十几篇文艺评论，译了苏联卫
国战争的两个长篇和十几个短篇小说。

抗战后期的重庆，发表自由太少，外国名著是书店少数尚能

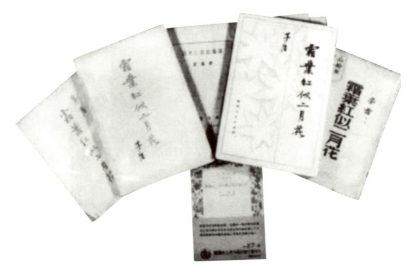

《霜叶红似二月花》

赚钱的书籍，作家们纷纷转向译介和研究外国文学，兴起翻译外国古典名著之风。曹靖华当时在中苏文化协会主编《苏联文学丛书》，怂恿茅盾从英文版转译巴甫连科《复仇的火焰》，他便用两个月时间一气译完。

10月，桂林华华书店出版《霜叶红似二月花》，一问世就好评如潮，桂林文化界巴金、艾芜、田汉、端木蕻良等举行座谈会，给茅盾发来贺电："共认先生此作，为抗战以来，文艺上巨大之收获。"11月，曹靖华得到格罗斯曼轰动苏联的长篇小说《人民是不朽的》英译本后，写信力请茅盾翻译。茅盾连续生了几场病，几乎拖了一年才交稿，但对译文非常满意："因为这个译本得到戈宝权对照俄文本逐字逐句的校正，达到了极准确的程度。"在1943、1944两年时间里，茅盾还从苏联出版的英文《国际文学》上，陆续翻译了一些短篇，平均一个多月一篇，收进《苏联爱国战争短篇小说译丛》。

茅盾这期间的文学评论，大多是关于文艺问题的讨论和对文坛现象的剖析，触及一些社会深层问题，深化了对现实主义文学意义的理解。当时重庆乃至整个国统区文艺界面临的最大困难是创作不自由，出版业凋敝和作家生活负担日益沉重，部分作家产生思想上的苦闷。他从作家、出版业及文学发展的角度，揭示国民党钳制言论自由给社会文化带来的严重伤害。在《生活与"生活安定"》中，他指出"使一个作家心境不安定者，有甚于柴米油盐之清苦者，就是创作的不自由"，"创作不自由在一个作家就是精神上最大的桎梏和压迫"。在《如何击退颓风》中，他指出当时的文学作品"不能反映时代，不能挖掘到现实的深处"，根本原因还在于"作家没有选择题材和处理题材的自由"，以致当时的出版业被扭曲到畸形的状态："据说甚至已经到了这样的地步：同一作家的作品如果书名'香艳'，与女人有关，销路便能较好，而翻译的小说改题为'爱情，爱情'者，也确实可以多卖。"他认为这不能只责怪作家，关键还是"必须给作家以更大的创作的自由"。在《从百分之四十五说起》里，他指出，现实主义的文艺作品要表现出"善与恶的斗争，前进与倒退的矛盾，光明与黑暗的激荡"，才是一部真正反映了现实的文学，才算尽了它指导生活的责任。当时的文艺作品不能尽到这些基本的责任，是因为作家们所能反映的现实，小到十分可怜，许多作品"单单挑出一面来写，就非现实"。

《文艺阵地》停刊后，叶以群和茅盾商量，筹建自强出版社，把《文艺阵地》改为《文阵新辑》，仍由茅盾主编，以丛刊形式继续出版。茅盾决定出版一套无名作家丛书，命名《新绿丛辑》，以提携新人。《新绿丛辑》共出三辑，第一辑推介穗青的中篇小说《脱缰的马》，小说原名《一匹脱了缰绳的马》，茅盾刚到重庆不久，就读了寄来的原稿，惊奇地发现这是一部少见的佳作，叶以群当即决定登在《文阵新辑》上，因迟迟未能出版，就作为《新绿丛辑》第一辑，由茅盾写序，叶以群和姚雪垠写了很长的读后感推荐。第二辑是"文阵社"唯一的工作人员钱玉如的《遥远的爱》，写一位女主人公的童年、初恋、结婚，在经历痛苦的内心斗争后，终于挣脱了小家庭爱情的圈子，坚定地投入大时代的洪流。茅盾欣喜地发现，小说有着女性作家所擅长的那种抒情气氛，有着细腻的心理描写和俊逸的格调，亲自为她题名《遥远的爱》，并用谐音署上笔名"郁茹"，写了《关于〈遥远的爱〉》进行推介。第三辑又推介了两个中篇，《新绿丛辑》就流产了。

1944 年 9 月，林伯渠代表中共中央，在参政会上正式提出召集各党各派各人民团体的国事会议，废除国民党一党专政，组织联合政府的提议，得到各党各派及民主人士的强烈响应。9 月起，茅盾频繁参加各种政治集会，投入到民主运动的洪流中，讨论彻底结束国民党一党专政的办法。1945 年 3 月 30 日，蒋介石下令解散文化工作委员会，茅盾投身到各种民主运动的前列，尤其是"拒检"运动，文化出版界主动取消新闻杂志的送检环节，迫使国民党废除了战时新闻检查制度。

1945 年，是抗日战争胜利的一年，也是茅盾人生中具有象征意义和标志性的一年。茅盾的生活发生了三件大事，都对他的人生产生了

1945 年 6 月，茅盾五十寿辰祝寿茶会，茅盾夫妇走入会场

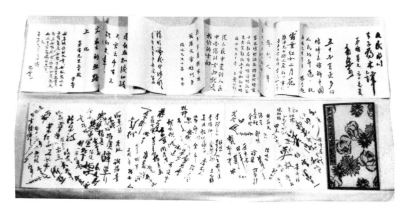

1945年6月，茅盾五十寿辰祝寿茶会上朋友们的签名和贺词

不可估量的影响。

第一件是在中共策划下，为茅盾举办50初度和创作25年纪念活动。茅盾自幼丧父后，全家概不做寿过生日，连生日也记不清了。重庆文艺界庆祝老舍创作20周年茶话会后，多人倡议也为茅盾开庆祝会，叶以群两次追问他生日，他都谢绝了。6月初，徐冰和廖沫沙根据周恩来意见，专程到唐家沱商量祝寿事宜。徐冰说："沈先生不要以为这只是先生个人的事，这是进步文艺界的一件大事，是文艺界的朋友荟萃一堂向国民党的一次示威，对于当前的民主运动也是一个推动。"茅盾不好推辞，选择6月24日作为生日。由郭沫若、叶圣陶、老舍发起筹备，定于24日下午2时在白象街西南实业大厦举行庆祝茶会。24日，重庆文艺界五六百位新老朋友把楼上楼下、厅内厅外都挤满了。王若飞代表共产党出席茶会，邵力子以个人身份前来祝贺，各界知名人士沈钧儒、柳亚子、马寅初、章伯钧、邓初民、刘清扬、胡子婴、张道藩等及苏联大使馆费德林、美国新闻处窦爱士及外国新闻记者等十几位盟邦友人前来祝贺。

　　会场布置得很朴素，首席后的墙上张挂着贺幛。冯玉祥赠送了绘有寿桃的卷轴并题诗，老舍赠了贺联"鸡鸣茅屋听风雨，戈盾文章起斗争"。中华全国文协、中苏文化协会、黄炎培、杨卫玉、俞颂华等都有贺词或贺信。赵清阁赠送了自己画的松鹤，阳翰笙、于立群等十五人联名送了贺词。主席沈衡老致辞，首席知名人士分别代表社会各界讲话祝贺，茅盾的功绩和在中国文坛上的崇高地位得到充分肯定。接着学生等朗诵祝词贺电贺诗，赵丹等朗诵了《子夜》中吴荪甫和赵伯韬酒吧谈判的一节。陈钧先生委托沈钧儒和沙千里律师赠送一张十万元的支票，指定作为茅盾文艺奖金，茅盾当场转交文协，用来奖励青年作家。最后茅盾致答词，到五点多钟才结束。同一天，成都、桂州文艺界也举行了庆祝活动，昆明文艺界记错了时间，25日举行庆祝。第二天，孙夫人、沈钧儒和史良又在史良寓所宴请茅盾夫妇。

　　24日《新华日报》发表社论《中国文艺工作者的路程》，刊登王若飞《中国文艺界的光荣，中国知识分子的光荣》，这是中国共产党首次公开高度评价茅盾。《新华副刊》整版登载朋友们的贺词和文章。重庆其他报纸及成都、昆明、桂州、贵阳报纸的副刊，也在24日和25日登出朋友们的祝贺。更多朋友直接给茅盾寄来贺信、贺电、贺词。茅盾的人生和创作登上辉煌的顶峰。

　　第二件事是茅盾创作了剧本《清明前后》并被搬上舞台，获得巨大成功。庆祝活动一结束，他就隐居到唐家沱，开始创作《清明前后》。1945年国际国内形势的强烈对比，让他萌发了以民族工业的厄运为题材创作，揭露国民党黑暗统治的强烈愿望，向国民党掷出一颗"文艺炸弹"，用艺术的形式表现民族资产阶级的命运，揭示厄运的根源和出路，以激起民族资产阶级的愤懑和广大群众的同情。清明前后发生了轰动山城的黄金舞弊案，茅盾通过这桩丑闻，"揭示官僚资本及其爪牙的卑劣无耻，民族资本家的挣扎与幻灭，以及安分守己穷困潦倒的小职员又如何变成了替罪羊，从而向读者展示出抗战胜利前夕国民党战时首都的一幅社会缩影。结论是：'政治不民主，工业没有出路。'"

各种版本的《清明前后》

　　他考虑写成剧本而不是自己擅长的小说，"写成剧本而又能上演，它的影响将是直接的，集中的，爆发性的。而且，让民族资产阶级花两三小时看一场戏，他会愿意，让他坐下来啃完一部长篇小说，就很难"。他写了两万七千字的分幕大纲，相当于剧本的三分之一，还请教了曹禺和吴祖光。剧本写好后，恰好赵丹等人成立中国艺术剧社，决定第一个戏就演《清明前后》，赵丹亲自导演。茅盾请赵丹大胆修改，抓紧排练，趁毛泽东在重庆谈判之机，早日公演。赵丹把太长的对话改短，把某些情节改得更富于戏剧感染力。

　　9月26日，《清明前后》正式公演，头两天卖了六七成票，第四天起，售票处排起双行长队，场场爆满，场内掌声不绝，每逢星期日还要加演一场。不少工厂的老板看后大受感动，包场招待本厂职工，还有工厂向剧院借了脚本，自己排演。《清明前后》连续公演四个星期，轰动一时，中国艺术剧社一炮打响。10月11日毛泽东回延安，当局 12 日就在中央广播电台号召群众不要去看，剧场反而连告客满。张道藩"密饬部属暗中设法制止"，破坏掉演出。

第三件事是茅盾女儿沈霞不幸去世。8 月 15 日日本无条件投降后，茅盾的社会活动更多了，频繁进城，为节省时间精力，常在文协宿舍小住。9 月 20 日，茅盾身体不适，躺在宿舍和叶以群闲谈，等孔德沚来接。曾为《子夜》刻过一套版画的刘岘从延安到重庆，进房看望，谈到延安文艺界的情形，刘岘喟叹："只是沈霞同志牺牲得太可惜了！"茅盾猛然一惊，顿时从床上坐起，要他快说出了什么事。刘岘像做错事一样不敢开口，眼睛觑着叶以群，叶以群说："这是真的，沈霞同志牺牲了，恩来同志叮嘱我们暂时不要告诉您，怕你们过分伤心，弄坏了身体。前一阵您正好又在赶写《清明前后》。"刘岘说："据说因为人工流产，手术不慎，出了事故。"茅盾的眼泪夺眶而出，一时间有如五雷轰顶，近于崩溃。

叶以群递给茅盾 8 月 20 日张仲实写的信，听到孔德沚上楼，茅盾连忙收好信，暂时不让她知道。回到唐家沱，茅盾像得了一场大病，昏沉沉地只想着这件事。沈霞自幼聪颖，尤其文学方面天资很高，作文常常受到老师们的赞赏，两个孩子中，茅盾更疼爱亚男，在茅盾眼里，"她聪明、刻苦、懂事、有志气"。她早已入党，英语程度不低，又是延安抗大俄语班高才生。她的爱人萧逸是文学工作者，他们 1945 年才刚刚结婚。茅盾不甘不忍不平，实难消受：

> 那时萧逸在延安郊区农村体验生活。某个周末，亚男背上挎包，带上几件衣服、几本书，走了几十里山路，到了萧逸那里。当晚，对着清冷的月光，他们结合了，没有一杯水酒，也没有一响鞭炮，她只活了二十四个春秋啊！

她还没有尝到人生的欢乐，就这样骤然离开了我们，而且死得又如此的不值得，她怎能瞑目于九泉啊！

孔德沚自从接到亚男的信后，就天天盼望孩子们回来团聚，要茅盾设法把两个孩子接到重庆见一面也好。这些年孔德沚跟着茅盾四处奔波，形影不离，总觉得把孩子丢在延安吃苦是她的过错。"阿桑来信少，因而读亚男的信就成为我和德沚这几年中最大的乐趣。每封信都给我们带来无限的慰藉，每封信都充满了女儿略带娇憨的爱。"第二天清早，孔德沚问茅盾做什么梦了，"你像是在哭"。她是多疑的，但从不怀疑茅盾，茅盾不忍长久瞒她，决定把儿子召到身边再告诉她，也许能减轻她的痛苦。

茅盾进城到周公馆找徐冰问个究竟。徐冰说："这件事发生得太意外了，责任完全在我们，是那医生玩忽职守，洛甫同志来电说，已给那医生处分。这件事迟迟没有告诉您，除了怕对你们打击太大，影响你们的健康，还因为恩来同志想亲自将这不幸的事件告诉你们，向你们道歉。你们把孩子托付给我们，我们却没有照管好。可是他最近实在太忙了。"周恩来正参加国共谈判。茅盾忙说："请转告恩来同志，我完全能料理好这件事，倘若为我私人的事而分了他的心，那就使我不安了。"他提出想让沈霜来重庆一趟。

10月初，重庆谈判陆续达成协议。10月8日，徐冰告诉茅盾，周恩来已给延安去电，请他们让沈霜搭乘毛泽东到延安的回程飞机来重庆。徐冰把张琴秋写的信交给茅盾。10月11日毛泽东回延安，12日晚，八路军办事处主任钱之光的夫人接茅盾夫妇到"山上"看沈霜：

德沚喜冲冲地奔过去，抱着儿子边端详边叫道："长高了，也长壮了。"同时向周围搜寻，一面问："亚男呢？

亚男呢？"又回头问阿桑："阿姐在哪儿？"儿子着慌了，
他没有想到妈妈还不知道姐姐去世的消息，讷讷地竟不
知怎样回答。德沚扫了我们一眼，发现我们一个个都阴
沉着脸，就叫道："出了什么事？你们还要瞒我！"这时
儿子说话了："姐姐已经死了。""死了！怎么会死的！
这不可能！""这是真的，妈妈，姐姐真的死了，所以让
我来重庆。"德沚愣了几秒钟就号啕痛哭起来。我们几个
只好轮番劝她。我说："亚男是没有了，可是还有阿桑，
他就在你身边呢。"德沚突然抬起泪眼盯着我："怪不得
好几次夜里发现你在哭，原来你早就知道了，为什么你要
瞒着我呀！"说着又痛哭起来。但毕竟有儿子在身边起
了缓和作用，渐渐地停止了哭泣。

沈霜讲述事情经过：日本投降后，延安的干部纷纷奔赴新解放区开展工作。沈霞是俄语班高才生，被安排派往东北时，发现怀孕了，为不影响行军和今后的工作，决定做人工流产，由张琴秋联系到和平医院做手术，第二天就呼吸困难，腹痛难忍，医生却说是术后正常现象，只给了点止疼药。第三日早晨突然休克，四肢发青，却找不到医生。护士打电话请张琴秋找医生会诊，不巧延河发大水，无法到对岸医院，沈霞再次休克，抢救已经晚了，十一时许不幸去世。事后解剖发现是手术消毒不严，伤口感染大肠杆菌，转为腹膜炎，未及时检查治疗所致。那位医生要派往东北，当时在整理行装所以一时找不到。

茅盾听完欲哭无声。女儿死了，弥留之际身边甚至没一个亲人，当时沈霜和萧逸被洪水阻在对岸，都没有人通知他们。丧女之痛成了茅盾夫妇无法埋葬的悲哀。对茅盾的生活和创作产生了不可低估的影响，创作上再也无法接续过去的辉煌，这是不争的事实。茅盾晚年还常常高声朗诵女儿的中学作文，苍凉的声音里寄托着无限思念。孔德沚一直无法相信，她的情绪和精神受到严重打击，晚年还常将孙女错叫成女儿。

茅盾本来想让沈霜从此留在身边，但沈霜执意要回解放区参加工作，孔德沚说："儿子大了，应该有他自己的事业，不可能永久留在身边，只要他健康、平安，我就满足了。要说安全，还是解放区。"她担心沈霜留在重庆，国民党特务会加害于他。周恩来便安排沈霜到北平工作。

1946 年 1 月 12 日，茅盾送沈霜到周公馆等飞机，周恩来专门找茅盾谈话，他说："你的剧本《清明前后》的演出很成功，影响很大，是文艺战线配合政治战线一次成功的斗争。"接着说："凡是文艺作品都既要讲政治标准又要讲艺术标准，只是两者的关系要摆正确，我以为应该把政治标准放在第一位。衡量政治标准，不是根据作品中口号喊的多少，而是看作品是否为群众所欢迎，是否说出了人民群众心里的话，是否吸引了他们又推动了他们前进。"周恩来又批评冯雪峰这几年没有起到一个党员应起的作用。这次谈话对茅盾影响很大。临别，茅盾提出想回上海，战争使他痛失三位亲人，他们在弥留之际，身边都无亲人陪伴。现在抗战胜利，他产生归意。

在翻检女儿的遗物时，茅盾发现她信中被疏忽的一段话："《劫后拾遗》我们已经读到。我自己觉得遗憾的是这里面竟没有谈到我所最关心的学生与文化人的情况，在这中间我也找不出什么你们在那里究竟是怎样的一点影子来。"为了弥补女儿这个遗憾，茅盾写了三万多字的《生活之一页》，记述香港战争时期的生活，连载于《新民报》晚刊。

离开重庆前，茅盾"比较用心地写的文章只有三四篇"，主要是完成政治任务。1946 年 1 月 15 日，根据周恩来的指示，在重庆文化界招待政协会议代表的茶会上，由茅盾提议组织"全国人民政治协商会议的协进会"，并决定协进会在政协会议期间每日举行"各界民众大会"，共开了八次，茅盾只参加了一次。叶以群要求茅盾为《文联》创刊号写文章，茅盾写了《八年来文艺工作的成果及倾向》，检讨抗战八年来的文艺工作，这篇文章体现了周恩来的意见，提出须以能否配合人民的民主要求为准则来检讨过去八年的文艺。茅盾还写了《也是漫谈而已》，与冯雪峰就中国新文艺运动发展史上的某些原则性问题进行磋商。

不久，茅盾夫妇就离开了重庆。

第十章　憧憬

「新民主主义的新中国将是一个独立，自主，和平的大国，将是一个平等，自由，繁荣康乐的大家庭。在世界上，中国人将不再受人轻侮排挤。人人有发展的机会，人人有将其能力服务于祖国的机会。」

访问苏联

1946 年，茅盾摄于上海

1946 年 3 月 16 日，经周恩来同意，在张治中帮助下，茅盾夫妇飞抵广州，准备经香港回上海。刚到广州，新老朋友还有记者就接踵而来，一致挽留，请茅盾向广州文艺界谈谈当前的政治形势和文艺问题。他想起离开重庆前周恩来的嘱咐，就同意作一次报告。

茅盾向周恩来辞行时，周恩来让他路过广州、香港时，向文艺界的朋友们讲讲共产党在新形势下的工作方针，让他们在思想上有个准备。茅盾准备了较长时间，先约了少数几位朋友"排练"，"向他们介绍重庆文艺界的情形，以及我在那里听到的中共中央对于当前形势的分析"。这是茅盾丧女之后的重要变化：所有公开言论力求与中共中央一致。24 日，茅盾在民众会堂作《和平·民主·建设阶段的文艺工作》的报告，听众约 1100 人，讲了两个小时，基本传达了周恩来的意见：

照政治协商会议的成就来看，民主的基础已经有了。可是毋庸讳言，政协决议现在还没有全部实施，而反对的声浪却时时可以听到。

但是我相信，民主的前途尽管困难重重，实现民主也许需要十年二十年，但只要我们有决心，就一定能够实现。

和平民主建设，既然要作长时期的打算，我们的文艺工作，也就不能作短时期的计划，也要作十年二十年的长时期的打算。

茅盾讲道："中国还缺少民主的传统。就世界范围来看，有英美法的民主，也有苏联的民主。中国现在要实行的是英美法的民主。"他说英美式的民主政治，优点首先是"言论自由"，缺点是"难免被特殊势力所操纵"，并且"已为一些人所利用以遂其私"，文艺界要弄清楚在民主斗争中谁是敌人谁是朋友，最后说：

文艺运动，不能脱离民主运动；今天的文艺工作者不能借口于"我是用笔来服务于民主"而深居简出，关门做"民主运动"，他还应当走到群众中间，参加人民的每一项争民主、争自由的斗争。

他又接连应邀到岭南大学和中山大学、广州青年会、广州杂志联谊会、文化新闻界及广州美国新闻处等文化团体或学校演讲，还为刊物写了《学习民主作风》《民主运动与文艺运动》《从"自由"说起》《为诗人们打气》等，"宣传新阶段的民主运动和文艺运动"。

4月13日，茅盾夫妇乘佛山轮从广州到香港，下榻铜锣湾海景酒店。战后香港文

1946 年在上海，左起：郭沫若、洪深、茅盾、叶圣陶

1946 年夏，茅盾与夫人孔德沚在上海大陆新村

1946 年秋在杭州，前排左起凤子、赵清阁、孔德、茅盾，后排左起陈白尘、洪深、阳翰笙、葛一虹

化名人所剩寥寥，茅盾无心逗留，不料香港到上海一周仅两班船，票已订到一个月后。长住旅馆不免无聊，触目又想起当年女儿情境。刚好柯麟来信请他们去澳门，柯麟夫人是茅盾的表侄女，他们便到澳门休息半月。澳门到处是赌场和妓院，报刊充满庸俗色情的东西，茅盾也觉无聊，5 月初即回香港。他趁便翻译了苏联卡达耶夫小说《团的儿子》，5 月 26 日回到上海。上海的房子已非

常紧张，欧阳翠便把大陆新村自己住的正房让给他们。茅盾打算先回乌镇祭拜母亲，却一直抽不出身，只好让夫人先过去一趟。乌镇除了母亲的墓冢，已什么都不剩，他就不急于回家乡。头两个月，他几乎天天忙于接待客人、出席家宴、拜访亲友、参加聚会。只能在晚上写"非写不可"的文章，表达立场。从 6 月 15 日到 10 月 15 日，茅盾写了近三十篇杂文。此外，他译完了《团的儿子》，编定《苏联爱国战争短篇小说译丛》，"有意为之"地写了《萧红的小说 ——〈呼兰河传〉》，寄托对女儿的哀思。

8 月初，苏联对外文化协会（VOKS）邀请茅盾夫妇到苏联观光，已向中国外交部打了招呼，派大使馆一等秘书费德林专程送来请帖，希望早日办好护照。1945 年底 VOKS就向茅盾提出邀请，处在丧女之痛中的茅盾说："我全家只有两人 —— 我和夫人，在当前国内的形势下，我出国访问而把她留下，我不放心，要请就两个人都请罢。"

办护照茅盾没经验，沈钧儒建议他直接找外交部部长王世杰，王世杰到庐山避暑去了，工作人员让他填了张表格，回家等通知，九月底仍无消息。沈钧儒给邵力子写信，才走通"后门"。10 月中旬邵力子来信让他到南京办护照，恰好凤子弄到免费旅游杭州的机会，第二天就要走，茅盾决定先带夫人去杭州散散心。他们与凤子、赵清阁、阳翰笙、洪深、陈白尘、葛一虹，一行八人，先到孤山、西泠印社品茶，又到湖滨租了一条小船游湖，洪深从楼外楼买了许多酒菜，大家在船上饮酒赏景。到了净寺，洪深求签卜何时全国解放，茅盾说这个问题不必卜神，"知津还是问津人"。新中国成立后，赵清阁写了一首《西湖忆旧》："黄昏品茗西泠前，文友酒酣夜泛船；洪老求签卜解放，茅公知津笑书癫。"

10 月 19 日鲁迅逝世十周年纪念大会上，周恩来听说茅盾要去南京办护照，让茅盾乘他的飞机同行，护照办得很顺利，轮船却要一个月后才到上海。茅盾抓紧看了些苏联游记和介绍苏联的小册

1946 年春，茅盾与许广平在鲁迅墓地

子，买了本英俄、俄英两用字典，写了两千字的传记，请戈宝权译成俄文交给罗果夫。又带上自己翻译的苏联小说中译本《复仇的火焰》《人民是不朽的》《团的儿子》及《苏联爱国战争短篇小说译丛》，打算送给苏联同行。

11 月 23 日，中苏文化协会为茅盾饯行，24 日下午，中华全国文协、剧协、音协、木协、漫协、诗音协及学术界、杂志界、新出版业联谊会等十个民间文艺团体，在八仙桥青年会举行欢送会。郭沫若、马寅初、熊佛西、潘梓年、许广平、阳翰笙等二百余人参加，叶圣陶任主席，要求茅盾代表中国人民到苏联去，把苏联蓬勃的人民艺术带回来。25 日晚，苏联总领事哈林夫妇设宴为他们饯行，邀请了中方外交界名流，以及沈钧儒、郭沫若夫妇、田汉夫妇、叶

1946 年 12 月，茅盾赴苏联参观访问前在上海码头上与葛一虹（左一）、郭沫若（左二）、苏联总领事哈林夫妇（左三、五）、戈宝权（左六）话别

圣陶、洪深、阳翰笙、潘梓年、戈宝权、葛一虹、叶以群等，酒酣兴浓之际，大家即兴赋诗相互唱和，预祝他们代表中国文化界访苏成功。临行前，茅盾夫妇到中共上海办事处辞行，得知内战已成定局。

12月5日晨，茅盾夫妇与戈宝权搭乘苏联领事馆的汽车到江海关码头，郭沫若夫妇、叶圣陶、叶以群、臧克家、葛一虹、任钧等前往送行，一直送到"斯摩尔纳号"轮船上，郭沫若写了《送别诗》，预祝访苏成功和祖国统一："乘风万里廓心胸，祖国灵魂待铸中；明年鸿雁来宾日，预卜九州已大同。"叶以群要求茅盾将访苏沿途见闻，写成《苏联见闻录》随时寄回《时代日报》社。苏联大使馆三等秘书冉克夫回国休假，顺路伴送茅盾夫妇到莫斯科。10日下午，轮船抵达海参崴，茅盾补写了几天的日记，又写了两篇短文《斯摩尔纳号》和《海参崴印象》，托冉克夫交给"斯摩尔纳号"船长带回上海。13日上午，茅盾夫妇坐上前往莫斯科的火车，饱览了西伯利亚无穷无尽的平原和森林景色。

12月25日，茅盾夫妇抵达莫斯科，受到高规格接待，住在市中心法国萨伏伊旅馆，午餐、晚餐都有乐队演奏，晚上还可以跳舞。访苏行程由苏联对外文化协会东方部主任叶洛菲也夫全程安排和陪同。叶主任陪他们观光市容，到红场和红场附近的新年临时市场散步。他们不通俄语，没有活动就在旅馆。他们请叶主任帮忙把侄女玛娅找来见见面，她父母回国搞革命，把她送进国际儿童院，一个人在苏联长大，等于是孤儿，和茅盾夫妇从未谋面。

第二天，叶主任安排他们参观"红军战利品展览会"，拜会对外文化协会会长凯美诺夫，他们向凯会长介绍了带来的书籍和礼品，面交了朋友和书店的信件、开明书店与中华书局托带的美金

1947 年春，茅盾夫妇与沈泽民女儿玛娅在莫斯科

及他们想买的书籍，说明想参观的文化机关和团体，想访问的作家及各种文化交流活动，凯会长表示一定竭力实现他的计划。晚上又去小剧院观看高尔基四幕话剧《小市民》。回到旅馆，茅盾写了《恭喜新年》，将文协总会转致苏联作家协会的致敬信一并交给《文学报》。接连几天，他们参观了列宁博物馆和红军博物馆，应邀参加了中国大使馆傅秉常的欢迎宴会和苏联对外文化协会的宴会，会见了苏联作家。

1947 年元旦，叶主任来拜年，带给他们一件"礼物"，一个矮小的中国姑娘走了进来，原来是玛娅。孔德沚见到玛娅就哭了起来。但双方语言不通，茅盾通过俄英、英俄两用字典，费了很大力才弄清一些最简单的事。玛娅通过字典说下次带个翻译来。他们请玛娅吃了午饭：

到了中午，我们留她吃午饭，她一定不肯，似乎有什么规定；但我和德沚不管，硬拉她去餐厅吃了一顿法国大餐。看着她吃得那样滋滋有味，我们打心眼里高兴。显然，这样丰盛的法国大餐她有生以来还从未享受过。

次日一早，玛娅带来张太雷和刘少奇的儿子，有他们当翻译，谈话内容就丰富多了，一直到中午，他们"坚决不肯留下吃饭"，一起回去了。下午，参加苏联作家协会的茶会，茅盾介绍了中国文坛和文艺界统一战线的状况，以及中国作家的生活情况，向对方了解了苏联文坛最近的发展，他们把日丹诺夫的报告材料推荐给茅盾。接着，茅盾夫妇又开始了紧张的活动，每天至少要参观两处，有时晚上还要看戏。他们参观了列宁图书馆、《儿童真理报》编辑部、高尔基博物馆、红十月工厂、高尔基世界文学研究所、忒列亚考夫画廊等。印象最深的是欣赏苏联大剧院上演的芭蕾舞剧《天鹅湖》，茅盾觉得大开眼界，大饱眼福。

莫斯科太冷，茅盾夫妇容易生病，在叶主任安排下，1月中旬，由一位史姓翻译陪同，他们到"大似江南初春"的格鲁吉亚首都第比利斯市，参观了斯大林博物馆、第比利斯电影制片厂、格鲁吉亚国立大学、马恩列斯学院格鲁吉亚分院和斯大林革命遗迹等，到斯大林故乡戈里观光，与格鲁吉亚的文艺家们见面交流。

1月29日，茅盾夫妇抵达亚美尼亚首都埃里温，参观了民众图书馆和亚美尼亚历史博物馆、亚美尼亚大学，与亚美尼亚的艺术家们进行了交流，观看了民族舞剧《洪都忒》和话剧《亲爱的祖国》，品尝了美酒。2月2日返回莫斯科，继续参观克里姆林宫、列宁山上的莫斯科大学等。

在叶主任安排下，2月15、16日，茅盾访问了《团的儿子》的作者卡达耶夫和儿童文学作家马尔夏克，17 日访问得过四次斯大林文艺奖的西蒙诺夫，他是《俄罗斯问题》的作者，他对茅盾说："战时我们都为了前线，为了胜利而写作，现在为了新五年计划的完成而写作。目前好的作品不多，正像造惯了坦克，现在改制拖拉机，不顺手了，我就是这样。"19 日访问了老作家吉洪诺夫，写了四篇对作家的访问记，收在《苏联见闻录》里。

2 月底，茅盾夫妇到列宁格勒观光访问，参观了苏联科学院东方研究所、冬宫刚开放的艺术馆及一些工厂、博物馆。回莫斯科后，叶主任问他们有没有兴趣随叙利亚和黎巴嫩的访问团一起去中亚细亚，他们于是到乌兹别克加盟共和国的首都塔什干和阿塞拜疆巴库观光，参观了那里的工厂、博物馆、艺术馆及石油工业，3 月下旬回莫斯科，观看了话剧《胜利者》《青年近卫军》及《俄罗斯问题》，茅盾对《俄罗斯问题》情有独钟，因为"这是一出政治性极强烈的戏，揭露了当时世界上以美国为首的反苏宣传的内幕"。他们整理行箧，与友人道别，于 4 月 4 日离开莫斯科，坐火车经西伯利亚到海参崴，原路回国。

4 月 25 日，"斯摩尔纳号"驶抵江海关码头。下午，茅盾夫妇被朋友们簇拥着回到大陆新村，记者也追踪而来，把屋子挤得水泄不通。在大家要求下，茅盾热情地介绍了苏联作家与出版界令人羡慕的情况，"苏联作家的生活是多么优越，著名作家故世后，国家都为他成立个人博物馆，而导演和演员待遇更高，荣誉加倍，他们的生活水平更在作家之上"。他说陈白尘这样的剧作家假如在苏联，荣誉和生活享受，将超过大多数人，听得陈白尘"耸了耸肩，苦笑一声"。这是茅盾第一次宣传苏联，媒体又放大了他的宣传。

4月28日，郭沫若在家里为茅盾夫妇举行"洗尘小集"，文化界二三十位最熟的朋友应邀出席，茅盾又宣传了苏联作家的优越条件。后来，"这样的聚会和谈话，以及应邀去各大学和文化团体作访问苏联的讲演，持续了相当一段时间"。

茅盾还根据收集到的文件与报告材料，参加座谈会的笔记和日记，及观光见闻，陆续写了二十多篇介绍和宣传苏联的文章，整理成《苏联见闻

1947年4月下旬，茅盾夫妇访苏回国时在斯摩尔纳号轮船甲板上

录》，希图为后来关心新中国建设的人们提供一个资政范本。他的《游苏日记》也陆续在《时代日报》连载。从五月起，他根据英译本翻译《俄罗斯问题》，并写了前记、译后记、《K.西蒙诺夫访问记》和《关于〈俄罗斯问题〉》，登载在《世界知识》周刊。茅盾对苏联的理解，不可避免地带有自己的想象和憧憬，包含他的苏联情结，他宣传的更多是"理想中的苏联"，以激发人们对未来新中国的憧憬。

迎接新中国

1947 年，国内形势严峻。内战扩大，法币无限发行，粮价空前暴涨，国民党政府既要对付共产党日益壮大的军事力量，又要镇压学生、工人、农民的反饥饿斗争。10 月 26 日，发生"浙大血案"，浙江大学学生自治会主席于子三等三位同学突然被捕，在狱中被杀害，再次掀起全国规模的反迫害运动；国民党政府以"民盟参加匪方叛乱组织"的罪名，宣布民盟为"非法团体"，27 日民盟总部被迫发表声明"辞职"和"解散总部"，"停止盟员活动"。以沈钧儒为代表的左派，决定出走香港，继续斗争。郭沫若、茅盾等无党派民主人士也得到通知，为避开国民党特务的耳目，先分散到香港，再陆续转移到解放区。

12 月上旬，茅盾和叶以群离开上海。孔德沚留在上海放烟幕，说茅盾回乌镇去了，晚两星期才到香港。这次汇集香港的各界民主人士及文化人在千数以上，"随便参加什么集会，都能见到许多熟悉的面孔。大家兴高采烈，没有一点'流亡客'的愁容和凄切"。大家见面就谈解放军的辉煌胜利，议论毛泽东 12 月 25 日的重要报告《目前形势和我们的任务》。

当时的香港报刊，"只要不反对港英当局，不干涉香港事务，你什么都能讲，包括骂蒋介石和美帝国主义"。茅盾觉得，"这样便利的条件，对于我们这些握了半辈子笔杆却始终不能想写什么就写什么的人来说，真像升入了'天堂'"。他到香港后，主要从事号召与写作。

关于号召，一是在香港文
协分会举行的新年团聚大会
上，茅盾建议香港文艺界应该
加强文艺批评工作，纠正前
一时期上海的文艺批评偏向：
"对正面的敌人不去批评，好
像有危险，而对自己阵营却很

第十章 憧 憬

1948年，茅盾在香港寓所

有一些不负责任的批评。这些批评调子唱得非常高，非常'左'，
使青年以为这是最革命的。"二是宣传毛泽东《目前形势和我们的
任务》，在纪念"五四"文艺节上，提出文艺工作者当前的任务之
一是自我改造，强调"'自我改造'的意义就是向人民学习"。加
强文艺批评这件工作，由邵荃麟做起来了，茅盾自己并没有实际
参与，他说：

> 我虽然自己提出了建议，却没有顾上写文章，仅在刚
> 到香港时，就当时讨论得十分热烈的方言文学发表了一
> 些意见，后来即被纷至沓来的工作缠住了手脚 —— 我
> 担任了文协香港分会的常务理事，又要写长篇小说《锻
> 炼》，又要编副刊，又要参加政治活动 —— 加之四八年
> 又面临胜利在望的大好形势，使我无暇顾及文艺理论问
> 题的探讨。

1948年3月初，"中国社会经济研究会"在北平诞生，有名者
共59人。他们自称是一个研究性质的自由主义文化团体，没有任
何政治企图，只想替中国寻找一条"新路"。他们提出32条主张，
反对武装革命和土地革命，反对苏联和民主阵营的"宣传攻势"，

并创办刊物《新路》宣传他们的主张。茅盾 3 月 15 日在《华商报》上写了《我看 ——》，抨击他们的目的是为军事溃败到最后阶段而演出的政治阴谋预先做思想上的准备，并为此政治阴谋招兵买马。因为若干过去不曾与国民党合作过的学者和教授，这次都被拉去当了"招牌"。茅盾说："我们对此表示惋惜，告诫他们不要上当，希望他们自重，能及早跳出这个陷阱。"为纪念"五四"，茅盾在《知识分子的道路》中指出：

> 今天来纪念"五四"，重要的意义，我以为就在它指出了知识分子的道路不能离开人民的大路，如果离开了人民，即使你想"明哲保身"，反动集团还是要拉你去"殉葬"的！

茅盾集中精力写完《苏联见闻录》，又着手写《杂谈苏联》。5月 1 日，中共中央发出号召，建议各民主党派、各人民团体、各社会贤达筹备新的政治协商会议，讨论召集人民代表大会，为成立民主联合政府做准备。茅盾认为，为了迎接新中国，正面宣传苏联是自己应尽的责任。为了全面介绍和宣传苏联，茅盾认为一本《苏联见闻录》远远不够，他根据访苏带回的文件及报告材料，加上一本英文版的《苏维埃年历》，和他搜集的苏联出版的英文书报，"大着胆子，花了两个月的时间，写了《杂谈苏联》"。但新中国成立后他并没有将这篇文章收入进《茅盾文集》之中。

他又续写了《生活之一页》，改为《脱险杂记》。《生活之一页》1946 年初发表在《新民报》晚刊，新加坡的沈兹九在《风下》周刊转载。这次到香港后，沈兹九来信约稿，建议他把香港脱险的经历续写下去。茅盾欣然命笔，将当年在东江游击队的保护下逃出沦陷区到达惠阳的经历，详细写出来寄给沈兹九，由南洋出版社发行单行本。

1948 年下半年，《文汇报》在上海被查封后，迁到香港复刊，请茅盾编文艺副刊，要他提供一个长篇连载。他就利用过去为写抗战时期工业题材的小说搜集的材料，把 1943 年应付张道藩的《走上岗位》改写成长篇《锻炼》。他估计解放战争还将经过艰苦的决战，可能会在香港停留较长时间，就打算用三年时间完成五卷本 150 万字的鸿篇巨制，计划未能实现：

> 当时实未料到全国解放的日子来得这样快；也未料到解放以后我会当上文化部部长，忙得没有了创作的时间……

12 月 12 日，茅盾为还文债写了短篇小说《春天》。《春天》写了一个未来的故事，设想新中国成立以后的某个春天，北方老解放区掀起大生产高潮时不同人物的表现。小说的主人公借用张天翼的华威先生，现在的公开身份是提倡"自由主义"的民主人士，他并无生活技能，又贪图舒适，怕劳动，但各种社团都要去插一脚，各种集会必要到场，到了必定发言，发言必定是慷慨激昂的高调。小说结尾写道："春来了，一切有生机的都在蓬蓬勃勃发展，呈献他们的活力；但陈年的臭水沟却也卜卜地泛着气泡。"《春天》发表时正在进行三大战役，国内没有引起注意，倒是日本评论界很快有了反应，称《春天》为茅盾的"幻想小说"，茅盾自己则说："它不是我的'幻想'，而是我的'预言'。"《锻炼》是茅盾最后一部长篇，《春天》则为茅盾短篇小说画上句号。

1948 年下半年，香港的民主人士得到通知，分批秘密进入东北解放区，参加新政治协商会议的筹备工作，为成立中华人民共和国中央人民政府作准备。茅盾夫妇被安排在除夕秘密乘坐直航大连的苏联船，在船上迎来了新的一年，《华商报》当日登载茅盾离港前的文章《迎接新年，迎接新中国！》，表达他对向往已久的新中国的憧憬：

> 新民主主义的新中国将是一个独立，自主，和平的大国，将是一个平等，自由，繁荣康乐的大家庭。在世界上，中国人将不再受人轻侮排挤。人人有发展的机会，人人有将其能力服务于祖国的机会。

1949年元月7日，轮船驶进大连港，大家蜂拥到甲板上眺望这片神圣的、自由的土地，码头上欢迎的人群中，张闻天顾长的身影，挥舞着双手向大家致意。

毛泽东亲自做茅盾的工作：「文化部部长这把交椅好多人想坐，只是我们不放心，所以想请你出来。听说你不愿意做官，这好解决，你可以挂个名，我们给你配备个得力的助手，实际工作由他去做。」茅盾不好再说什么了。

在新旧交汇中，他选择了以江山社稷为重而放弃小我，当上了新中国文化部首任部长。

文化部部长

1949年1月31日，北平和平解放。2月25日，茅盾、李济深、沈钧儒、郭沫若等35位民主人士和无党派人士抵达北平，受到中共领导人的热烈欢迎，住进北京最好的宾馆，共襄建国大业。茅盾立即以巨大的热情投身到文化建设中，3月16日与郭沫若等召开北平文物机构改革问题座谈会；19日与叶圣陶谈北平文教方面的问题；22日参加中华全国文艺协会在平理事及华北文协理事联席会议，与郭沫若、周扬、叶圣陶、郑振铎、田汉等组成42人筹备委员会，任筹委会副主任。

不久，沈霜（此时又名韦韬）到宾馆看望父母，他已在《东北日报》工作，茅盾夫妇十分欣慰。几天后，女婿萧逸到旅馆拜见岳父母，孔德沚痛哭一场。写过不少新闻作品的萧逸希望留在岳父母身边学习工作，把这些年的经历写成小说。茅盾鼓励道："你最好是参加完解放战争的全过程，然后再进行创作，这样视野会更开阔，经验会更丰富。"几天后萧逸就随华北野战军18兵团开赴前线。不料，这竟成了他们最后一面。4月15日，在解放太原时，萧逸作为战地记者，上前线向敌人喊话，敦促盘踞在碉堡里的敌人投降，被梭冷枪击中头部，当场牺牲。战友张帆整理好萧逸遗物，托邓拓带给茅盾夫妇。5月2日茅盾给张帆写信："萧逸此次在前线牺牲，太出意外，我们的悲痛是双重的：为国家想，失一有为的青年，为他私人想，一番壮志，许多写作计划，都没有实现。"

茅盾来不及悲痛，又投
身到新中国成立前的繁忙
工作中，白天晚上参加会
议。5 月 13 日应周恩来之
召赴中南海开会，为即将召
开的文代会和上海解放后
的文化工作献计献策。他
还要操心文艺界办刊物，办

1949 年 7 月，茅盾在中华全国文学艺术工作者代表大会小组会上发言

了《进步青年》又办《文艺报》。为《文艺报》创刊，茅盾投入大
量心血，以期团结从解放区和国统区来的各路文化人，共同为建
设新中国服务。6 月 11 日，茅盾与李济深、沈钧儒、黄炎培等应召
到香山，与毛泽东、周恩来、朱德共商新政协的筹备事宜，15 日晚
赴中南海，参加新政协筹备会第一次会议，次日下午，茅盾当选为
政协筹备会常务委员，晚上参加常委会第一次会议，任"拟定国
旗国徽国歌方案"第六小组副组长和第一次全国文代会筹委会副
总主席。7 月 23、24 日，中华全国文学工作者大会召开，茅盾当
选为主席，丁玲、柯仲平为副主席。

9 月，八十多岁的张元济到北京参加中国人民政治协商会议，
茅盾几次执晚辈礼拜访。张元济告知，商务董事会拟请他担任出
版社委员会主任，希望他重振商务出版事业，茅盾表示一定尽力。
他预想新中国成立后，自己可以安心创作，重返商务正好可以发
挥所长。孔德沚则打算在西湖边买所房子，让他安心写作。这位
誊抄过《子夜》，使茅盾手稿得以保存的伟大女性，只希望他能有
个安心写作的环境，陪伴他实现未能完成的写作计划。

但茅盾已属于即将诞生的新中国。在政协第一届全体会议召

开前，周恩来受命组阁新中国首届政府，请茅盾出任文化部部长。茅盾说自己不会做官，打算继续创作。以往他对周恩来从无二话，这次却婉言推辞：

> 在共产党打天下的时候我不是党员，但一直是以一个共产主义者的标准来要求自己的，现在共产党得了天下，我不想再来分享共产党的荣誉了。

周恩来只好如实向毛泽东汇报。毛泽东亲自做茅盾的工作："文化部部长这把交椅好多人想坐，只是我们不放心，所以想请你出来。听说你不愿意做官，这好解决，你可以挂个名，我们给你配备个得力的助手，实际工作由他去做。"茅盾不好再说什么了。在新旧交汇中，他选择了以江山社稷为重而放弃小我，当上了新中国文化部首任部长。韦韬、陈小曼在《父亲茅盾的晚年》中写道：

> 作为作家的茅盾终于让位于作为政府高级官员的沈雁冰，并且陷入了一个两难的境地：既要维护人民政府的威望，又要对得起作家的良心，而在这之后最艰难的，就是如何面对接连不断的政治运动。

1949 年 10 月 1 日，茅盾在天安门城楼上参加开国大典，激动得泪花闪烁，自己一生为之奋斗，胞弟、女儿、女婿为之付出生命的新中国终于成立了！10 月 19 日，中央人民政府委员会第三次会议上，毛泽东签发了任命书，他被任命为文化教育委员会副主任、文化部部长。11 月 2 日文化部召开成立大会，茅盾开始了长达 15 年殚精竭虑、忍辱负重的文化部部长生涯。

一次，孔德沚当面要求总理也给她分配工作，周恩来认真地对她说：

> 好，我给您安排一个对您最重要也是最合适的工

作——照顾好茅盾同志，他是我们国家的宝贵财富，今后要他为新中国描绘蓝图，为中国作出新贡献。您要好好照顾他，这

1954年9月，茅盾被任命为文化部部长的任命通知书

是党交给您的任务，这比您做任何工作都重要！

孔德沚深明大义，回到家中，一如既往地买菜、下厨，边干家务，边照顾孙女、孙子，竭尽全力照顾茅盾，让他全身心投入新中国的文化建设。

茅盾夫妇迁居到东四头条5号文化部宿舍，一住就是二十多年。院内有三座小楼，茅盾夫妇住一号楼，二号楼住着阳翰笙夫妇，三号楼住着周扬一家。没有料到的是，新中国成立后，文艺界成了最为敏感的领域，大大小小的政治运动首先从文艺界反映出来。二、三号楼几易其主，成为中国文化界官方政治的晴雨表，茅盾也多次受到冲击。

1950年，柯灵将小说《腐蚀》改编成电影剧本，由黄佐临导演，文华影片公司摄制。茅盾在12月的看片会上简短发言，表示由衷的感谢，《大众电影》发表看片座谈会上一些同志的发言，对电影给予充分肯定。1951年春节期间，影片在北京、上海等地公映，北京市文艺处专门召开座谈会，好评一片。仅仅一个月后，《大众电影》就登载文章，说"《腐蚀》是以一个在旧社会堕落了

1953 年，茅盾与夫人合影

的人民叛徒为主角出现在观众面前的，摄取这样一个主角和观众见面在今天本已不合适了，而剧情的处理又博得了观众的同情，因此电影《腐蚀》的缺点就大于优点了"。电影悄无声息地停映，风传是"同情特务，不利于镇压反革命运动"。直到 9 月，《大众电影》仍登载文章，说影片《腐蚀》"存在一个严重的缺点 —— 用完全同情的态度，来处理一个罪恶重重的女特务赵惠明"。茅盾保持了沉默。

1951 年 5 月 20 日，《人民日报》发表毛泽东亲自改定的社论《应当重视电影〈武训传〉的讨论》，文艺界对《武训传》展开批判，赵丹成为批判对象。"出于部长位置的无奈和顾全大局的考虑，茅盾没有在公开场合表态写文章，而是保持了自己特殊的沉默。"

接着，青年作家白刃的长篇小说《战斗到明天》受到批判，读者来信批评茅盾不应为此书作序。报社将这封信转给茅盾，他写了个说明退回报社，报社却以《茅盾关于为〈战斗到明天〉一书作序的检讨》刊登出来，茅盾为之瞠目结舌。

中共中央又提出"文艺工作者必须彻底改造思想"，茅盾再也不能"若无其事"地保持沉默，在各种学习讨论会上，在自己的著作结集出版时，他都当众自责"没有把自己改造好"。1954 年对胡适《〈红楼梦〉研究》及俞平伯的批判，牵连到《文艺报》及其主编冯雪峰；1955 年对胡风文艺思想的批判上升为政治斗争，茅盾都只能被动参加，被动招架。

文艺界变成政治斗争的晴雨表，茅盾在各种力所不逮的文山会海中愈陷愈深，"当官与创作两不误"的梦想早成泡影，1955年1月6日，他向周恩来写信"请创作假"：

> 　　五年来，我不曾写作，这是由于我文思迟钝，政策水平，思想水平低，不敢妄动，但一小部分也由于事杂，不善于挤时间，并且以"事杂"来自我解嘲。总理号召加强艺术实践，文艺界同志积极响应，我则既不做研究工作，也不写作，而我在作家协会又居于负责者的地位，既不能以身作则，而每当开会，我这个自己没有艺术实践的人却又不得不鼓励大家去实践，精神上实在既惭愧又痛苦。

周总理批示"拟给沈部长一个假期专心写作"，但三个月一眨眼就过去了，只够他去上海搜集一些材料，写出大纲和部分初稿，就不得不回到繁忙的行政事务中，不能自拔。1956年3月24日，中国作协创委会要求茅盾回复创作计划完成情况，他满腹牢骚地给自己的下级部门回信：

> 　　不料至今将一年，自己一检查，大小计划都未贯彻。

原因不在我懒——而是临时杂差打乱了我的计划。这些杂差少则三五天可毕，多则须要半个月、一个月。我每天伏案在十小时以上，星期天也从

新中国成立后茅盾的文学理论与文学评论文集

不出去游山玩水，从不逛公园，然而还是忙乱，真是天晓得！这是我的困难所在，我自己无法克服，不知你们有无办法帮助我克服它？如能帮助，不胜感激。

5 月 2 日，毛泽东在最高国务会议上提出"百花齐放，百家争鸣"，8 月 24 日又提出"古为今用，洋为中用，推陈出新"的方针，茅盾觉得中国文化的繁荣大有希望，积极响应，在《人民日报》发表《贯彻"百花齐放、百家争鸣"反对教条主义和小资产阶级思想》，在各种座谈会上批评教条主义和宗派主义，鼓励鸣放。1957 年 4 月，中共中央发出《关于整风运动的指示》，许多正在"鸣放"的文化人不知不觉成了"反右"对象，茅盾也蒙在鼓里。在统战部召开的民主党派负责人和无党派人士座谈会上，他又作了一个充满火药味的发言《我的看法》：

由于宗派主义者常常又是严重的教条主义者，结果就必然使他自己成为辛辛苦苦的官僚主义者，而且要强迫别人也不得不成为这样的官僚主义者。所有这一切，其根源又是由于缺乏民主。开展民主是消除这三个坏东西的对症药！

事后孔德沚对韦韬说："别人的发言，一般都登了报，只有你爸爸的没有登，我就怀疑出了问题。果然，不久有关方面向你爸爸暗示：你那个发言有错误，现在不公开发表是对你的爱护，你要吸取教训。所以你爸爸近来心情不好，一直称病在家，其实他心里是不服的。"

"有关方面"批评茅盾发言有错误，却又"网开一面"，令他不寒而栗。反击"右派"的"总攻"很快开始了。身在高位的茅盾"不得不奉命投入斗争"，痛苦地写了表态文章《明辨大是大非、继续思想改造》《我们要把刘绍棠当做一面镜子》等，明知丁玲不可能反党，在"丁陈反党集团"揭批会上也不得不批判丁玲。报刊要求指名道姓批判文艺界的"右派"分子，不停催稿。为躲避"纠缠"，他不得已给作协党组书记邵荃麟写信，称自己得了"脑子病"，不能用脑，也无法写批判文章，不要催稿，才躲过一段时间，希望尽量减少对朋友的伤害。晚年编评论集时，他误将1957年批判刘绍棠的文章收进集子，发现后懊悔不迭，特地托人向刘绍棠致歉。

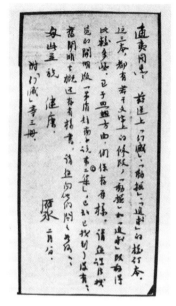

1957年，茅盾致楼适夷信

"反右"斗争后，"三面红旗""大跃进"接踵而来，整个国家陷于狂热，生活紧张得透不过气来。1958年3月，作家协会办公室催要个人创作规划，茅盾回信大发牢骚：

> 规划是订下来了，能不能完成，要看有没有时间。这就希望领导上的帮助。帮助我什么呢：
>
> 一、帮助我解除文化部部长的兼职，政协常委的兼职；
>
> 二、帮助我解除《中国文学》和《译文》两个兼职；
>
> 三、帮助我今年没有出国任务。

他甚至在信中说："最近病后医生（中医、西医）都已明白告诉我：'你衰老了，年龄到了，药石不能奏功，只能养，慢慢地养罢！'换言之，这就是说：'你这人可以报废了，而且也只能报废了！'"

希望从政治运动中摆脱出来的茅盾,却始终心系文化事业,极力呵护和扶持有才华的青年作家。新中国成长起来的作家里,王愿坚、王汶石、陆文夫、茹志鹃等人都曾得到他的关照。茹志鹃《百合花》发表后,茅盾在《人民文学》上发表《谈最近的短篇小说》,肯定《百合花》的思想性、艺术性,使她这个"失去信心的、疲惫的灵魂,又重新获得了勇气、希望"。1958年,林斤澜许多作品被压在《人民文学》编辑部,编辑们拿不定主意该不该发,茅盾读完他20篇左右的小说,一锤定音:"林斤澜有他自己的风格。这风格表现在炼字、造句上,也表现在篇章结构上。"林斤澜从此脱颖而出。

1959年,《林家铺子》被搬上银幕。夏衍1957年把《林家铺子》改编成电影剧本,1958年春,导演水华带领摄制组辗转杭嘉湖一带,制成高水准的彩色影片,1959年由北京电影制片厂出品,作为国庆十周年献礼片,成为邓小平领导的中央书记处亲自抓的十部优秀影片之一。不料几年后却横遭批判,夏衍因此被打成反革命修正分子。

二十世纪六十年代初,中国人民经历了长达三年的严重困难,1962年1月11日至2月7日,毛泽东在"七千人大会"上作了自我批评,周恩来和陈毅又在广州向知识分子道歉,茅盾心中再次燃起希望。不料9月24口至27日的八届十中全会,风向又变回到阶级斗争,要天天讲,月月讲,年年讲,开展"四清"和"新五

1961年,茅盾在北京寓所

反"运动。这期间，发生了两件影响茅盾命运的事。

1962 年 7 月，杨朔奉命通知茅盾带队参加莫斯科争取普遍裁军与世界和平大会，他表示"不能担负此任务"。杨朔说这是中央决定，发言报告已由先赴莫斯科会谈的王力写好，并经邓小平批准。茅盾只好听从安排，与副团长金仲华直飞莫斯科。7 月 9 日，茅盾作为中国代表团团长，按中央审定的发言稿作大会报告。不料某中央领导看了《人民日报》登出的发言稿，说茅盾发言太软弱，是一次政治和外交上的失误，犯了右倾错误。"其实代表团在国外完全是遵照周总理的指示办事的，而且会议进行中也随时向国内请求汇报。"韦韬和陈小曼回忆说：

> 副团长金仲华有点沉不住气了，但父亲阻止了他，因为辩解于事无补，只能伤害周总理，要懂得"忍辱负重"。

7 月 19 日回国后，茅盾悄悄写了一份《一九六二年莫斯科裁军会议追记》，详细回顾和记录了出国前后的活动和谈话，以备审查之用。他深感身心劳顿，决定和家人到大连去休假。当时作协正打算召开"农村题材短篇小说创作座谈会"，就安排到大连，作协党组书记邵荃麟亲自张罗主持。7 月 31 日，茅盾一家乘船到大连。8 月 2 日到 16 日，他天天参加座谈会，12 日在会上作了讲话，14 日邵荃麟作了总结。不料，来自 8 个省市 16 位作家代表兴致勃勃地返回时，北戴河"千万不要忘记阶级斗争"正在升温，与会作家都注定厄运难逃。作为中国作协的一件"大案"，邵荃麟首当其冲，茅盾成为不点名批评对象。

当年编发大连会议相关文章的黄秋耘回忆，《文艺报》付印前，主编张光年私下找他，说刚接到周扬从北戴河打来的电话，"谈到毛主席在八届十中全会中有新的指示，说有人'利用小说反

1963 年，茅盾在北京

党，这是一大发明'，估计政治形势将会有重大的变化"。为慎重起见，张光年决定把"大连会议纪要"抽掉，只发表未涉及"大连会议"的"文艺笔谈"。为避免用语重复，黄秋耘把一处"中间状态人物"改为"不好不坏，亦好亦坏，中不溜儿的芸芸众生"，结果"我（茅盾）做梦也想不到，这么一篇小文章，几句无关宏旨的话，竟闯下了滔天大祸，竟被说成是由邵荃麟所创立而由黄秋耘加以补充和发展的'中间人物论'，被列为'黑八论'中主要的一论，说是反动透顶的资产阶级文学主张"。

1964 年，《文艺报》8、9 期推出《"写中间人物"的材料》，10 月 31 日《人民日报》全文转载，拉开全面清算"大连会议"的大幕，《文学评论》《人民日报》《光明日报》《解放日报》展开猛烈批判。邵荃麟因在大连会议上赞同了茅盾"中间状态的人物也可以写"这种"资产阶级文学主张"，"默默地全部承受了下来"。茅盾没有辩解，也不看批判文章。"文革"结束后，韦韬提起往事，茅盾说：

> 那时候，报纸上批判夏衍和邵荃麟，却始终没有把我推到前台，后来"文革"中也始终没有公开批斗我，想来，就是群众中传说的，受到周总理的保护吧！不过，让我感到遗憾和不安的是夏衍和邵荃麟代我受了罪，荃麟还为此付出了宝贵的生命！

靠边站

1965 年元旦，韦韬夫妇带着孩子到父母家过年，茅盾照例在文化部团拜。孔德沚悄悄对韦韬说："你知道吗，不让你爸爸当文化部部长了！"几天后，报纸就公布免去茅盾文化部部长职务，改任全国政协副主席的消息。一个月前，周恩来找茅盾谈话，周恩来说：

> 文化部的工作这些年来一直没有搞好，这责任不在你，在我们给你配备的助手没有选好。一个热衷封建主义文化，一个又推崇资本主义文化。我知道你从一开始就不愿意当这个部长，后来又提出过辞职，当时我们没有同意，因为找不到接替你的合适人选。现在打算满足你的要求，让你卸下这副担子，轻松轻松，请你出任政协副主席，你有什么意见吗？

茅盾希望同时卸下作协主席的担子，周总理说："那就不必了，作协的问题主要也不是你的责任，你不当作协主席还有谁能当呢？"韦韬后来问父亲："这次文化部部长的变动，恐怕与毛主席的两个批示有关吧？"茅盾点头道："那当然。"

1965 年 5 月 29 日，各大报及专业报刊全面展开对电影《林家铺子》的批判，分量之重、密度之大，前所罕见。夏衍成为主要批判对象，茅盾在内部被批判为"资产阶级文艺思想总代表"和"三十年代文艺黑线的祖师爷"，他一言未发，冷静观察事态发展。韦韬、陈小曼回忆说：

> 我们周末去看望爸爸，希望能谈谈这件事。我们发现爸爸仍旧像往日那样平静地躺在床上看书，看不出有什么情绪上的变化，也不谈外面闹得沸沸扬扬的批判电影《林家铺子》的事，就好像这件事从未发生过一样。妈妈显得忧心忡忡，小声说："我觉得大祸要临头了，可是你们爸爸不让我乱说，他说他还要观察。"

这场冤案到十一届三中全会后才平反昭雪。《林家铺子》第三次重映时好评如潮。1982 年意大利都灵举办"中国电影五十年回顾展"，《林家铺子》被誉为"中国电影顶峰之作"，1983 年葡萄牙第二十届菲格拉达福兹国际电影节又荣获评委奖，1986 年香港"经典影片展"，《林家铺子》成为唯一被列入的中国影片。

1966 年，"无产阶级文化大革命"拉开帷幕。茅盾除了被点名上天安门城楼陪同检阅外，再无社会活动。茅盾花大量时间陪伴和教导孙女小钢（大名沈迈衡）。韦韬、陈小曼讲："从外表看，爸爸对报刊上那些批判文章的关注程度远不及他对孙女小钢的关心。小钢从四岁起就经常被爷爷奶奶接去暂住，直到十岁后才彻底回来与我们同住。"小钢当时所在的景山小学试点教古文，茅盾发现有些内容不适合幼童，就亲自为她选编教材，把"课本"用毛笔字工整地誊下来装订成册，每一篇都有详细注解。

茅盾的孙子小宁（大名沈学衡、沈韦宁）八九岁时，无学可上，就在院子里疯跑，疯玩。有一天，跟着玩伴学画画的小宁抱回一只小花猫，说要对着实物写生，其实是想养猫。小宁当天果真画了一只睡觉的猫，茅盾很赞赏，说"那就把猫留下吧"。爷孙俩一起，喂猫，给猫搭窝，洗澡，训练猫排便。小花猫要生产了，茅盾张罗给它布置"产房",对小宁说:"花猫要坐月子了,要给它铺得软一点,盖得暖一点,吃得好一点,就像人一样,她要做妈妈了。"

1966年8月24日,老舍在太平湖含冤自沉,茅盾望着窗外青天,喟然长叹:"平日见老舍随和、幽默、开朗,想不到还是一个性格刚烈、自尊极强的人,他是受不了横加在他身上的对人格的极大侮辱啊!他自杀在太平湖,显然,是对这种不公平的无声的抗议。"

才过几天,红卫兵就抄家来了。8月28日,韦韬夫妇都上班去了,几个冒充的红卫兵跑到他家楼道高喊"打倒沈雁冰",吓得两腿发软的阿姨赶紧拴上门,"红卫兵"踹开门,说瓶瓶罐罐都是"四旧",要一律砸烂;书架上的书全是大毒草,要统统烧掉。当场撕碎《红楼梦》《西游记》,扬长而去。孔德沚让服务员老白掸一下客厅油画上的灰尘,他说这是"四旧",威胁要去叫红卫兵,还说保姆带孩子,服务员照料首长生活,都是资产阶级的一套,为老爷服务。30日清早,红卫兵真来了,"举着大刀,像日本兵一样"。

红卫兵闯进家来,举着刚从张治中家抄走的日本军刀,声称得到举报,来清查"四旧"。茅盾给统战部打电话,统战部说最好以礼相待,表示欢迎。茅盾就坐在沙发上观察。一个小瘦子指着萧逸的照片问:"这个穿国民党军服的家伙是谁?"茅盾怒火中烧,但冷冷地说:"你错了,他穿的是八路军军服,他是新华社战地记者,是我的女婿,他是老八路,他在前线牺牲了,是被国民党打死的!"这群红卫兵的嚣张气焰被噎了回去,只把一些工艺品集中封存,下了一串"不许用""不许看"之类的命令。后来中央

"文革"组来了个干部，找抄家的红卫兵头头谈了一阵，来势汹汹的红卫兵就草草收场了。这次抄家对孔德沚刺激很大，她从此一直心有余悸，精神压抑，日益虚弱，三年之后，数病齐发，过早离开了茅盾。

1966 年 9 月到 1969 年 7 月，茅盾既不写捧场文章，也不写批评文字，却极慎重地写了近百份外调证明材料。自从全国上下掀起大揪"走资派"、大抓"叛徒""特务"的高潮，专案组纷纷冒出来搜罗罪证。外调人员络绎不绝走访茅盾，调查茅盾二十世纪二三十年代熟人们的个人历史，如陈望道、王一知、李达、胡愈之、金仲华、张仲实、范志超等。茅盾对外调人员的记录不放心，总是提出自己来写。证明材料直接关系到友人的政治生命，他字斟句酌，有的材料甚至写两三天，并在日记中详细记载外调人员的姓名、性别、哪个单位的介绍信，调查的问题，谈话时间等。韦韬、陈小曼说：

> 爸爸的用心是显而易见的，他是对被调查的同志负责，对自己写的材料负责，以防万一有人篡改他写的证明材料而加害被调查的对象时，他能有据可查。

外调人员都抱有搜罗罪证的目的，把众多老干部已有结论的历史问题重翻出来，硬往"叛徒"上扣。茅盾始终采取诚恳、尊重事实的态度，大部分外调人员最终都能通情达理，尊重事实，但也有企图强加罪证的，茅盾态度坚定，实事求是，决不让好友蒙羞。一次，文化部来了四人，要他证明夏衍抗战时不止一次去过上海，他一口回绝说："我实不知有此事。"还有一次，文艺界几个造反派威逼茅盾，让他证明二十世纪三十年代《译文》停刊是周扬反对鲁迅的罪证，茅盾严正地告诉他们："这件事与周扬毫无关系，是因为生活书店想另外出版一套《世界文库》，把《译文》停了，我们请胡愈之去作交涉没有成功。"

山东某医院来调查他们的院长鲁子俊，硬要茅盾证明沈霞当时在延安不幸逝世，是鲁子俊故意加害的，茅盾不同意，说鲁子俊有责任，造成了严重医疗事故，当时已经受了处分，绝不是故意害人。还有人硬要他证明曹靖华在重庆期间与苏联大使馆过从甚密，有苏修特务之嫌，茅盾坚决拒绝，说自己不知道。对方恼羞成怒，竟拍起桌子来，茅盾义正词严地反问："毛主席说'要实事求是'，你是怎样理解的？我对一切调查所抱定的态度就是'知之为知之，不知为不知'，这条原则我决不会改变。"那人无奈，只得悻悻而去。

岂料，悲剧接踵而至。1968 年 4 月，茅盾听到弟媳张琴秋已于八个月前惨死的消息。张琴秋是长征中著名的女英雄，新中国成立后一直担任纺织工业部副部长。"文革"初期，她因担任过刘少奇派出的工作组组长受到冲击。茅盾全家去看她，她说工作组只是犯了"镇压学生运动的错误"，总结一下教训就没事了。谁知问题迅速升级，她天天接受群众批斗，茅盾一家又去看她，造反派已把她列为"刘少奇黑线"上的"干将"，把她被俘的历史翻出来，推翻延安时期的结论，打成"叛徒"，还罗织罪名，说她"反对伟大领袖毛主席"。张琴秋说完，向茅盾交代后事："我倒不在乎，心中坦然，相信问题总有澄清的一天，只是玛娅，我不放心。她从小生长在苏联，对中国的国情，中国的政治斗争，很不了解，现在又带着三个孩子，孩子又小……"很快她就被隔离审查，再也听不到任何消息，玛娅一家也被迫搬出宅院。

在张琴秋家工作过的阿姨找机会告诉茅盾，1967 年 8 月 28

日夜间，张部长身穿睡衣，从被隔离的纺织工业部四楼窗户摔下来，惨死在东长安街上，造反派称她是"畏罪自杀"。徐梅坤听到噩耗，曾私下查看出事现场并做了调查，将调查结果告诉茅盾，说绝不可能是自杀，因为张琴秋是重点审查对象，昼夜二十四小时都有两个人在她身边看守，没有机会自杀；她是从四楼男厕所"跳楼"的，如果是自杀就应该从女厕所"跳楼"；她"跳楼"时穿的是睡衣，这不合乎一般自杀者的心理。茅盾更加沉默了。

随即，一个未公开的"叛徒"罪名降临到茅盾头上。1969 年国庆节，茅盾没有接到参加天安门庆典的通知。警觉的孔德沚让警卫员给政协打电话询问，回答是"不知道"。从此，茅盾的名字就从报纸上国家领导人名单中消失了。"没有说明，没有解释，没有通知，连暗示也没有，这位蜚声海内外文坛的作家，前文化部部长，就此销声匿迹了！不久，警卫员被撤走了，专车被取消了，每天两大本《参考资料》也停送了。"家人劝茅盾去询问"靠边站"的原因，他说："这还用得着问吗？你们太天真了。"

孔德沚身体一向不错，勤俭持家，充满活力。20 世纪 50 年代开始患高血压，后又诱发糖尿病。"文革"后，茅盾的"高干"待遇被取消，年迈的孔德沚被指定到北京医院普通诊室看病，很费周折。茅盾买来注射器、消毒盒和化验尿糖的玻璃试管，硬着头皮学会打针，护理老伴。1969 年 10 月，韦韬去探望父母，发现母亲满脸病容躺在床上。韦韬、陈小曼说：

> "文革"以来，妈妈的心情就没有舒畅过，红卫兵抄家，琴秋婶婶的含冤去世，韦韬受审查，小钢尚未成年硬要她上山下乡，这些都不同程度地给了她刺激。她想不通，看不惯，可又没法说，一直压在心头。现在爸爸又莫

名其妙地靠了边，她的神经再也支持不住了，身体就突然
垮了下来。

孔德沚病情急剧恶化，体重由130多斤降到70多斤。这时林
彪下达一号战备命令，韦韬可能要随单位迁往四川，恐怕要带家
属，茅盾说："倘若他们来动员，我的答复是'不去'！德沚病得
这么重，已不能走动，我必须陪着她，照看她。"陈小曼要下放到
湖北咸宁"五七干校"，幼女丹燕才四个月，可请求暂缓下放的报
告被单位一口回绝，除非办离职手续，回老家插队落户。为了让
孩子能吃上母乳，茅盾写信请浙江省副省长周建人帮忙安排在乌
镇落户，没有回音。各种努力无效后，陈小曼只得下决心给孩子
断奶。孔德沚拉着儿媳的手哽咽道：

　　小曼，我恐怕不行了，我已经照顾不了小毛毛了，你
再去求求工宣队吧，就说，等我咽气了你再走。

努力依然被无情回绝，陈小曼留下嗷嗷待哺的婴儿和病危的
妈妈，去了干校，二十多天后，孔德沚就溘然长逝了。

1970年1月27日，孔德沚滴水不进，白天昏睡，夜间呻吟不
断，28日晨仍昏睡不醒，茅盾感到不妙，急忙叫汽车到北京医院
急诊，医生诊断为肾炎晚期引起尿中毒，采用种种急救措施，到中
午仍无好转。茅盾紧急通知韦韬赶到医院，孔德沚已不认得儿子
了。29日凌晨，孔德沚在韦韬守护下停止了呼吸。茅盾带着妻子
的衣服赶到医院，她的遗体已被移到太平间。韦韬说："看到妈妈
孤零零地躺在空荡荡、冷冰冰、阴惨惨的太平间里，爸爸失声痛哭
起来。"这是韦韬第一次见到爸爸哭泣。

茅盾8点给陈小曼打电报，要她赶回来参加葬礼。9点，韦韬
带着三个孩子与奶奶见最后一面，茅盾又流泪了。30日下午陈小

曼回电"请假未准"，茅盾给统战部打电话表示抗议。31日，孔德沚的遗体在八宝山火葬场火化，只通知了少数亲友，没有举行任何仪式。

痛失爱妻是茅盾在"文革"中所受最为沉重的一击。办完孔德沚简朴的后事，他也病倒了。2月7日，茅盾到北大医院看病，医生让他做胸部透视，冻了十来分钟，回家立刻病情加重，高烧四十度，口吐呓语，时时惊厥，闭着眼对亲人说："想不到这么快就要和你们分手了。""靠边站"的商业部副部长胡子婴坐公交前来吊唁孔德沚，立即将茅盾安排到北京医院，才控制住病情，转危为安。茅盾后来对孙女小钢说：

> 你奶奶的一生，就是为他人而作出牺牲，为了我们一家人而奉献自己！先是为了我，后来加上你爸爸和姑姑，现在又加上你和小宁、丹丹。奶奶是十分爱你们的，直到瞑目她都在惦记你们！依照奶奶年轻时的工作能力和上进心，她是能够干出一番事业的，但她放弃了，为了我们这个家而放弃了，这是无私的奉献，是一种崇高的精神！爷爷和奶奶虽然是包办婚姻，但是我们有共同的信念和追求，我们是互敬互爱的！

孔德沚逝世后，茅盾陷入巨大的孤独与忧伤，时常沉浸在对亲人的回忆中。1970年3月2日，韦韬一家把单位住房还给公家，与茅盾同住，陪伴他度过动荡的晚年。4月17日，茅盾母亲陈爱珠逝世三十周年忌辰，他梦见母亲，悄悄写了一首七言诗悼念："乡党群称女丈夫，含辛茹苦抚双雏……平生意气多自许，不教儿曹作陋儒。"据韦韬和陈小曼讲，茅盾1974年续写《霜叶红似二月花》，就是想把他敬爱的母亲形象，长存在自己的小说里，小说女主人公张婉卿，是旧中国一位高尚、完美、有远见卓识的女性，也是茅盾心目中自己母亲的形象。

1971年，陈小曼因手术后遗症在家养病，一天下午，她整理茅盾的小书库时，听到抑扬顿挫的读书声，忽而高昂激奋，忽而低沉悲怆，听起来十分凄凉。陈小曼吓了一跳，不知声音从何处来，仔细聆听，原来是茅盾在读沈霞的作文，后来经常听到他朗诵。

1970年冬，茅盾与大孙女在一起

9月13日，林彪摔死在蒙古温都尔汗，国庆节后，"9·13"事件逐级向全民传达，茅盾却没有接到听传达的通知。只有划为"敌我矛盾"的人，才被剥夺听这个传达的权利，自从突然"靠边站"，始终没向他宣布任何罪名，现在竟用这种方式透露出来。茅盾并不在乎自己戴什么帽子，他更关心林彪一伙覆灭之后国家的前途。他说："帽子是人戴上去的，能戴上也能摘下，它与阶级属性不同，林彪原来戴的是毛主席接班人的帽子，还写进了党章，可是现在这顶帽子不是换了吗？"林彪事件后，落实干部政策和经济工作调整有了一定进展，人们之间的交往也渐渐多起来。

许多朋友从牛棚解放出来，或从干校回来，辗转听到茅盾的消息，陆续与茅盾通信联系，直接到文化部宿舍大院登门拜访的朋友，有胡愈之、沈兹九伉俪和叶圣陶、臧克家、黎丁等朋友。茅盾便与他们用旧体诗唱和。1973年4、5月间，胡愈之了解到一个情况：有人检举茅盾在1928年去日本途中自首叛变了。韦韬、陈小曼回忆：

> 听到这话，从不疾言厉色的爸爸也禁不住怒斥起来："胡说八道，完全是胡说八道！大家都知道，我是从上海乘轮船去日本的，在船上怎么叛变？我也从来没有被捕过，哪来的自首？"略一思索又说："奇怪的是，既然有这样的问题，为什么不来问问我，也让我这个当事人有机会辩白几句呀！"胡愈老安慰道："想必是'查无实据'，所以不便来打扰你。可是又作不了结论，只好挂起来。"爸爸平静下来，说："只是那个诬告的人，不知是何居心，竟要置我于死地！"……爸爸陷入了沉思。

8月初，在韦韬的劝说与敦促下，茅盾写了"文革"以来第一封申诉信，只希望周总理能收到信，就满足了，一星期后又发出第二封信，请邓颖超转交周恩来。9月初，政协副秘书长李金德来看望茅盾，说："四届人大将在年底召开，组织上让我来正式通知您，您已经当选为四届人大的代表了"。茅盾一愣，问道："那么我的问题是怎样解决的？据说我还有一个'叛徒'的问题。"李金德略一沉吟道："这个，我也不清楚，我刚刚调到政协工作，许多情况还不了解。不过，既然您已经当选为人大代表，说明那些问题已经不存在了，都解决了。"

11月12日，孙中山诞辰107周年，茅盾应邀参加了纪念仪式，正式结束"靠边站"。《人民日报》第二天作了报道，他的名字在报纸上重新露面。茅盾的亮相，预示了文艺界"解冻"的到来，朋友们通过各种方式向他祝贺。茅盾咏了两句诗：

> 云散日当空，山川一脉红。

第十二章｜晚年

「为了繁荣长篇小说的创作，我将我的稿费二十五万元捐献给作协，作为设立一个长篇小说文艺奖金的基金，以奖励每年最优秀的长篇小说。我自知病将不起，我衷心地祝愿我国社会主义文学事业繁荣昌盛。」

交道口南三条

　　1974 年初，赋闲在家的茅盾在韦韬提议下，打算圆一下搁置多年的创作梦。为置身政治纷扰之外，他再次开始"宣传"自己的病，不时向亲朋好友提起"大小各样病，而气喘、支气管炎纠缠不已，血管硬化则见端于步履蹒跚，面部皮肤时感绷紧，以故极少出门"，说目疾"三尺外不辨五指，这是不治之症"等。韦韬、陈小曼说：

> 　　其实，爸爸虽然身体不好，但并未严重到不能见客的程度。实际上，爸爸是想避客而悄悄地家中写他的《霜叶红似二月花》的续篇。他的头晕、腿软、手抖，多半与安眠药吃得太多有关。

胡锡培写信告诉茅盾，成都流传关于他的谣言，说他装病，却在偷偷地写一部反党小说，要待身后，方肯问世。茅盾把信念给韦韬夫妇听，纵声笑道："我还没有动笔，谣言就先造出来了！这样一来，我倒要认真对待续写《霜叶红似二月花》的事

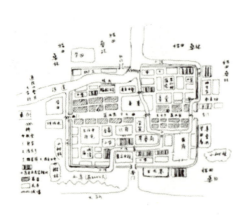

茅盾手绘的《霜叶红似二月花》背景示意图

了，一定要把它写好！"他找来过去的单行本细读，画出一幅县城的平面图，小说中的故事大部分都发生在那里。图上画了书中重要人物的宅第，以及县署、警察局、善堂、轮船公司、城隍庙，还有街道、城墙、通往钱家庄的河道和城外的桑林、稻田等。茅盾说："有了这张图，书中的一些细节描写就有了依据。"

他按以往写小说的习惯，先写提要，把续篇的故事大致理出个脉络，再列人物表，注明他们之间的关系和矛盾，再写详细的大纲。但搁笔多年，年近八十的茅盾这次写大纲颇费周折，文思泉涌时，某些段落越写越细，差不多就是初稿；有些也很重要的情节，却只简短地交代过程，几笔略过。续篇大纲将1927年大革命失败前的情节，写得周密完整，大革命失败后的故事，还未写出大纲他就忙着搬家，再没机会继续下去了。

他为写小说无法入眠，经常加服安眠药。5月，一次早餐后自己上楼，忽然头晕腿软，整个身体向后倾倒，陈小曼一个箭步冲上去从后面扶住，才避免危险。茅盾服安眠药已有几十年，每当创作高潮，就需要安眠药助眠。"文革"期间，心情不畅，安眠药愈服愈多，最多时，一夜要服三四次约七八粒不同的安眠药。如果后半夜加服安眠药，早上就会头晕、两腿发软。万一他从楼梯上摔下来，家人又不在身边，后果不堪设想。韦韬建议茅盾搬到平房去住，他同意了。韦韬向国家机关事务管理局提出申请，管理局答复提供几处房子请茅盾挑选，这说明茅盾已恢复高级干部"特殊待遇"。

6月，茅盾和家人看了原卫生部部长李德全的旧居，比文化部宿舍楼大一倍多，但茅盾谢绝了，因为房间太少，只能茅盾独自住楼下，书也没地方放。6月下旬，管理局请茅盾去看杨明轩的旧居，这里"文革"后久无人住，成了堆放家具的仓库。茅盾参观后说："整个院子虽不大，但很紧凑，我们人丁不多，足够用了。尤其妙在小房间很多，这样服务人员都能安顿下来，我那些书也有了存放的地方。"管理局就安排全面修缮。

茅盾开始作搬家的准备，个人用品他自己整理，其他都交给韦韬夫妇打理。25年前搬进这栋小楼时，只有两只箱子一个铺盖卷，现在要搬家，光书籍就能堆满一屋子。茅盾从政协开来证明，总算从百货大楼买来三十只大纸箱，一箱可装四百多本书。9月开始，韦韬夫妇将图书和书稿分类装箱，标明书籍类别，捆上麻绳，又用了二十条麻袋才把书装完。11月中旬，家里已全是纸箱、网篮和麻袋，无法正常生活。管理局说房子已基本修好，清理扫尾工作还要一个多月。为避免搬家的忙乱影响参加1月的人代会，茅盾决定提前搬家。12月初，管理局派出三辆卡车和十几个劳力，整整五卡车东西，十一点半就全部搬完。从此，茅盾就在交道口南三条度过人生的最后六年。

1975年1月8日至18日，第四届全国人民代表大会上，茅盾被选入主席团。茅盾对大会结果感到振奋。周恩来仍是总理，邓小平为第一副总理并代周总理主持日常工作，又听说毛泽东指示"无产阶级'文化大革命'已经八年，现在以安定为好，全党全军要团结"，大家都松了口气，认为动乱终于要结束了。4月初，胡愈之又告诉茅盾一个"最新指示"："战犯还给特赦呢，'文革'时期押起来的大小干部也应该统统释放。"果然许多干部释放出来了，但没分配工作，在家待着。

"文革"中，节日"亮相"很重要，为使亲友们免于担心，节日游园是茅盾的一项硬性任务，他总是到附近的中山公园点个卯，拍张照就回家了。这年"五一"，茅盾主动提出要去颐和园游园，还说一张票可以带五名家属，全家都去，他想趁这机会见见最近才恢复活动的老朋友和老熟人。

整个 5 月，茅盾都在看姚雪垠《李自成》第二卷原稿。1930 年，茅盾曾打算创作历史题材小说，但没有继续，深知长篇历史小说创作的难度。1974 年 7 月 10 日，中断联系十几年的姚雪垠和茅盾恢复通信。得知他被打成"右派"后，发愤撰写长篇历史小说《李自成》，于 1963 年出版了第一卷。茅盾找来读了一遍，发现这是一部难得的佳作，如果五卷全部完成，将是一部史诗型巨著。姚雪垠遭受了巨大委屈，在冷漠和孤独的环境中，做了艰巨深细的创作准备，将晚明的政治动荡和社会风貌鲜活地呈现出来，深深打动了茅盾。

茅盾向姚雪垠讨来第二卷油印稿和全书内容概要，自觉有责任给作者奉献一些意见，供他参考。茅盾视力只有 0.3，读油印稿尤其费力，他克服种种困难，借助放大镜，将八十万字的稿件仔细读了两遍，读到《商洛壮歌》章节，激动处，还情不自禁为高夫人写了一段。他随手记下自己的意见，按单元整理出一万多字的读后感。至 1980 年春，他和姚雪垠为探讨《李自成》的创作，互通了近 10 万字的信。

1976 年 1 月 8 日，周总理溘然长逝，茅盾心情沉重。10 日，他到北京医院向总理遗体告别，15 日去人民大会堂参加追悼会。不料不久又传来茅盾侄女玛娅竟被迫害致死的消息。玛娅在俄国长大，完全是外国思维，在党小组会上坦承自己去过天安门，并据理力争，批斗不断升级，终于绝望，以死明志，年仅 49 岁。茅盾听到噩耗，老泪纵横："想不到我弟弟一家人都死于非命！"一年后，玛娅的冤案彻底平反，茅盾心底的悲哀却永远无法消除。

7月4日，悲伤中的茅盾迎来八十寿诞。臧克家从1975年起就为之张罗，准备约请文艺界的老朋友为茅盾祝寿，并写了一首祝寿诗，托美术家曹辛之刻在竹筒上：

祝茅公八秩大寿

著书岂只为稻粱？遵命前驱笔作枪。

方驾迅翁张左翼，并肩郭老战文场。

光焰炯炯灼子夜，野火星星燎大荒。

雨露时时花竞发，清风晚节老梅香。

1976年1月，臧克家写信告知茅盾，决定在丰泽园宴请老文友，共祝茅盾八十大寿，还与茅盾拟定了老友名单。不料形势突变，只得作罢。6月26日，臧克家派人给茅盾送来祝寿锦册和一封信，内有臧克家写的长诗《为茅盾先生祝暇》。生日这天，臧克家和姚雪垠登门祝贺，更多朋友来信表示贺忱，艾芜寄来四首贺诗。

7月4日，韦韬夫妇坚持在家中举办了寿宴，邀请茅盾在杭州的表弟陈瑜清和在北京的表侄女慧英夫妇。原计划还有玛娅一家，但玛娅不幸殒命，她的三个孩子成了反革命分子的"狗崽子"，遭到隔离审查。生日这天，孙儿女们联手自制了一份礼物，茅盾十分珍爱，一直珍藏在卧室里。茅盾感慨万端，提笔写下

1976年7月4日，茅盾八十寿辰摄于寓所

一首五古《八十自述》，终因心神不宁，只写了童年就停笔了。

10月14日，党中央发布粉碎"四人帮"的消息，北京人民连续三天庆祝游行。24日，天安

1976年7月4日，茅盾八十寿辰全家合影

门前百万人参加庆祝胜利大会。茅盾连染风寒，仍不听劝阻，前往参加庆祝大会。26日，茅盾出席首都各界人士庆祝粉碎"四人帮"座谈会，"文革"以来首次在会上公开发言。

11月，上山下乡的知青们希望有机会继续中断的学业。茅盾孙女小钢利用业余时间自修中文和外语，向朋友借到一本国外出版的基础英语，朋友也要用，书不能久借，国内又买不到。茅盾主动提出替她抄，连续几天将全书抄完，装订成册交给小钢。1977年，小钢成为高考恢复后的第一届大学生，将爷爷抄写的基础英语课本加上封套，珍藏起来，作为永久的纪念。

1977年，茅盾再次焕发活力，将生命的余晖洒向他钟爱的文学事业，将热情与博爱献给他憧憬的中国未来。

余 晖

　　1977 年 7 月，党的十届三中全会恢复邓小平职务，文艺界的
"拨乱反正"开始有大动作。茅盾欣喜地说："'文化大革命'是
从文化教育战线开始发动的，现在又从文化教育战线着手'拨乱
反正'，这是很英明的。" 11 月，茅盾出席人民日报社编辑部举
行的座谈会，做了题为《贯彻双百方针，砸碎精神枷锁》的发言。
1978 年春，《红旗》杂志约茅盾写一篇全面论述文艺创作上"拨
乱反正"的文章，茅盾十分重视，花了一周时间，写了一万二千字
的《漫谈文艺创作》，全面阐述"砸烂精神枷锁，解放思想""世

1977 年 6 月，茅盾（左）在北京交道口寓所与著名作家姚雪垠亲切交谈

界观的决定性作用""生活的深度
与广度""创作方法""关于技巧问
题""百花齐放，百家争鸣"六个问
题。他说：

> 我们说彻底批判"四人帮"，
> 这"彻底"二字就包括"面面俱
> 到"，不留一个死角。至于"老
> 生常谈"，我以为真理是不怕重
> 复的，况且这些"老生常谈"也
> 已经有十年没有谈了。

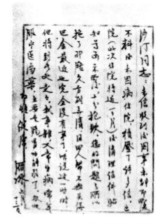

1977 年茅盾给沙汀的信

茅盾全力支持文艺界的思想解放。刘心武的短篇小说《班主
任》发表后，茅盾大为兴奋，认为"总算有一篇敢于冲破'禁区'
的作品了，这是'百花齐放'的一个胜利"；《伤痕》等作品问世
后，引来不少非难之声，称之为"伤痕文学"，茅盾在一次座谈会
上为这些作品撑腰：

> 现在三十来岁的，正是受"四人帮"毒害最深的人，
> 把他们那时所受毒害的情况，比较深刻地写出来，还是
> 需要的，不但需要，如果写得好，它会享有永恒的生命
> 力。……现实生活中的黑暗面，不好的东西，我们自然
> 可以写，目的是暴露它，指出来让大家注意它，改革它，
> 如果意图如此，那么作品中暴露即使多了一点，也是容许
> 的。如果主观意图是要否定我们这个社会，因此专门找
> 黑暗面来写，那么这篇作品再掩饰得巧妙，也逃不过读者
> 的眼睛。

1978 年"检验真理标准"的大讨论中，茅盾写了《作家如何

1978年，茅盾（右）与巴金在寓所畅谈

1978年，茅盾（中）与叶圣陶（左）、夏衍在招待会上

理解实践是检验真理的唯一标准》，指出："在实践是检验真理的唯一标准面前，不存在什么'禁区'，各种题材，各类人物的塑造，不同的创作方法的运用，都允许存在，允许竞放和争鸣，最终都将由实践来检验其得失与成败。"

5月初，恢复全国文联及各协会筹备组成立，中国文学艺术界联合会第三届全国委员会第三次（扩大）会议上，茅盾致开幕词："我宣布，从今天起文联、作协恢复工作，其他协会也要尽早恢复工作。"许多老朋友、老熟人又见面了，彼此为对方大难不死互相祝贺，也有些熟面孔仍未见到，如丁玲还在山西农村劳动，还有些参会朋友的政治帽子未摘除。会议决定筹备召开第四次全国文代大会。

11月，党中央决定给"右派分子"平反，恢复名誉，但遭到不公正对待的作家、艺术家数量相当大，甄别工作进展甚慢。1979年2月，茅盾得知许多人的情况还"没有变化"，毅然写信给林默涵："我认为代表的产生，可以采取选举的办法，但也应辅之以特邀，使所有的老作家、老艺术家、老艺人不漏掉一个，都能参加。"对"至今尚未平反"的老同志，敦请林默涵"向中组部反映，请他们催促各省市抓紧此事，能在座谈会前解决；还可以文联、作协的名义向各省市发出呼吁，请他们重视此事，早为这些老人落实政策！"

茅盾的建议受到宣传部部长胡耀邦的重视，促成召开全国文艺界落实知识分子政策座谈会。第四次文代会推延到 10 月底召开，拟定正式代表和特邀代表共三千多人，文艺界大多数历尽苦难的老人都在邀请之列。但各省市文化部门的领导占去一半名额，上海的袁雪芬、广西的林焕平等却榜上无名，茅盾给文联党组书记阳翰笙写信，建议把这些"落选"的老艺术家补加为特邀代表。

1979 年 10 月 30 日，中国文学艺术工作者第四次代表大会在北京人民大会堂隆重开幕。周扬主持，茅盾致开幕词，邓小平发表重要讲话。主席台上，邓小平趁隙对茅盾说，因考虑到他年事已高，建议他担任文联名誉主席，主席由周扬担任。茅盾表示听

1979 年 4 月 10 日，茅盾（左）、胡愈之（右）出席在人民大会堂台湾厅举行的商务印书馆、中华书局职工座谈会（一说为 1977 年茅盾参加商务印书馆建馆 80 周年纪念会）

1979 年，茅盾在交道口南三条寓所送客

从组织安排。当天晚会演唱了茅盾作词、李焕之作曲的《沁园春》。11 月 3 日，茅盾到人民大会堂作《解放思想，发扬文艺民主》的讲话，因连日劳累，体力不支，又染风寒，只念了开头和结尾，中间部分请人代读，便提前退席，赴北京医院急诊室就诊。83 岁的茅盾仍不遗余力，为新时期文艺的健康发展做出重要的铺路工作。他更重要的一项工作，是写回忆录，这是自五四运动以来，开新文学历史先河的大事。

1978 年春节前夕，胡乔木在北京医院巧遇茅盾，就请他到休息室交谈，原来中央决定，抓紧从还健在的老同志那里"抢救遗产"，请他们撰写回忆录。陈云特别提到他，说建党初期的历史，除了茅盾，恐怕没几个人知道了。几天后，林默涵写信请茅盾写回忆录，称"不但有文学价值，也有历史价值"。3 月，人民文学出版社社长韦君宜率编辑拜访茅盾，他们决定创办《新文学史料》，专门刊载作家们的回忆录、传记，及有关文艺界的掌故、资料、考证、调查等，请茅盾支持并题写刊名。茅盾欣然答应，主动提出给《新文学史料》写个长篇连载的回忆录，编辑们喜出望外。韦君宜专门把陈小曼从外国文学编辑部借调到现代文学编辑部，派她担任茅盾秘书。

中央"抢救遗产"的决定与茅盾写回忆录的想法一拍即合。

早在 1974 年，茅盾重新在报纸上亮相后，就有老编辑建议陈小曼"动员茅公写回忆录"，但韦韬夫妇的建议被他否定了，他说写回忆录单凭记忆是不够的，需要查阅过去的报刊来印证和补充、纠正，等图书馆彻底开放，能借阅资料时再写。1976 年初，形势骤然恶化，80 高龄的茅盾担心等不到"文革"结束的那一天，主动提出口授回忆录，先录音再整理成文字，留下一个历史的见证，等将来再公之于世。3 月 24 日起，在家人帮助下，茅盾"手持话筒，靠在卧榻上，韦韬站在三屉桌前操纵录音机，小曼和小钢在一旁做记录"，韦韬和陈小曼说：

> 爸爸一般在午休后下午三时左右开始录音，每次约两小时，晚上和上午则躺在床上构思，为下一次录音打腹稿。遇到有其他事或者要去医院就顺延一天。不过整个四月份，他几乎天天口授录音，像一台开足马力的机器。

1977 年秋，茅盾看了家人整理的回忆录，觉得只叙述了经历，缺乏文采，只有骨头，没有血肉，"看来还得自己动笔，光动口不行。录音作为保存资料是可以的，用来创作则不行，它无法表现作家的风格"，决定在录音的基础上重新写过。陈小曼从图书馆借来一些二十年代的杂志，茅盾发现不少已经忘记的文章，大为兴奋，再次打开记忆的闸门。

1978 年，茅盾答应在《新文学史料》连载回忆录，全身心投入这项工作。他给韦韬夫妇开列了一份 1949 年以前出版的书刊名单，让他们去搜集。茅盾献身文坛笔耕六十

1980 年夏，茅盾与家人最后一张合影

1980 年夏，茅盾在北京交道口寓所阅读书籍

年之久，所写文章浩如烟海，新中国成立后出版的十卷本《茅盾文集》及其他著作，仅占其全部创作的四分之一。陈小曼到北京图书馆、历史博物馆等单位借到了一些，善本还不能外借，也不许复印，借到的也要按时归还，极为不便。茅盾便花钱去旧书店采购，在中国书店买到一些珍贵的旧刊，仍远远不够。过去的报刊、书籍大多在上海出版，就决定到上海搜集。茅盾写信给罗瑞卿、周而复及刘白羽，要求把韦韬也调来当助手，8 月底借调成功，9月韦韬就去上海搜集资料。

韦韬找在上海书店工作的表妹孔海珠帮忙。孔海珠轻车熟路，查遍了上海书店的几个旧书库，找到许多新中国成立前出版的茅盾著作和他主编的杂志，几乎都是整套，还有不少稀有的版本，收获极大。茅盾在各种报刊发表的大量文章，孔海珠整整搜集了一年多。

茅盾晚年身体非常虚弱，心肌缺血、缺氧，不能多走动，手发颤，以惊人的意志力撰写回忆录。两年半时间里，他翻阅了五百万字以上的资料，写下四十万字的回忆录。他看资料需躺在床上，构思、打腹稿也都是躺着，写作时只能用钢笔，不能再用毛笔，他说：

> 用毛笔要凭手的感觉，现在手发颤，视力又差，写字时看不清毛笔笔尖是否到达纸上。钢笔笔尖是硬的，落在纸上有感觉。

韦韬和陈小曼说："爸爸的字在两年间也有了很大的变化，一九七八、一九七九年，爸爸的钢笔字仍然娟秀，到了一九八〇年便明显地变形了。"1980年9月，人民文学出版社决定将连载的部分回忆录结集出版，茅盾题写书名《我走过的道路》，他在序中说："所记事物，务求真实。言语对答，或偶添藻饰，但切不因华失真。凡有书刊可查核者，必求得而心安。凡有友朋可咨询者，亦必虚心求教。他人之回忆可供参考者，亦多方搜求，无有遗珠。"

韦韬、陈小曼说：

> 上海复旦大学教授吴文祺大革命时期也在武汉中央政治军事分校任教官，爸爸多次写信向他询问和核实当时的情形。为了弄清陈启修的籍贯，专门写信向许德珩讨教。为了核实1946年秋和阳翰笙、洪深、赵清阁、凤子等同游杭州西湖的细节，写信向上海的女作家赵清阁请教。专门派车把罗章龙接到家中，向他了解建党初期的某些人和事。与廖沫沙核对香港撤退的情况。请四川的胡锡培介绍抗战时重庆街道的名称。向赵明和陈培生询问1939年盛世才统治下的新疆的某些内幕。还请上海

的魏绍昌代为向病中的赵丹核实在新疆的二三事。

茅盾最终没能亲自完成回忆录，只写到1934年，他在住进医院的最后日子里还始终牵挂着。韦韬、陈小曼说："昏迷时，他常常一手摸索着上衣口袋，嘴里喃喃地说：'钢笔，钢笔呢？'有时则反复数着二三四和五六七八九这几个数字。这是爸爸的写作计划：四月份出院，五六七八九月份突击完成回忆录，彻底完成！"

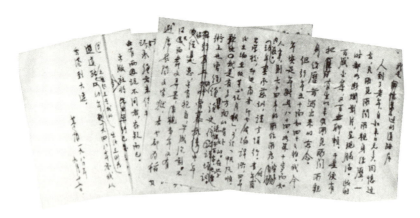

回忆录序言手稿

茅盾回忆录《我走过的道路》

1981 年 3 月 14 日，茅盾致中共中央的遗书

1981 年 2 月 20 日，茅盾住进北京医院 119 病房，再也没能回到他朝夕相伴的书桌前。住院不久，茅盾预感自己"病将不起"，趁清醒时向韦韬交代了几件大事。3 月 14 日，茅盾让韦韬拿来纸笔，自己口授，韦韬记录，写了两封信，又亲自审定、亲笔签名。第一封给胡耀邦和中共中央，信中写道：

亲爱的同志们，我自知病将不起，在这最后的时刻，我的心向着你们。为了共产主义的理想我追求和奋斗了一生，我请求中央在我死后，以党员的标准严格审查我一生的所作所为，功过是非。如蒙追认为光荣的中国共产党（党）员，这将是我一生的最大荣耀！

中国作家协会书记处：

亲爱的同志们，为了繁荣长篇小说的创作，我将我的稿费二十五万元捐献给作协，作为设立一个长篇小说文艺奖金的基金，以奖励每年最优秀的长篇小说。我自知病将不起，我衷心地祝愿我国社会主义文学事业繁荣昌盛！

致

最崇高的敬礼！

茅盾

一九八一年三月十四日

1981年3月14日，茅盾致中国作家协会书记处的遗书

另一封给中国作家协会书记处，信中写道：

亲爱的同志们，为了繁荣长篇小说的创作，我将我的稿费二十五万元捐献给作协，作为设立一个长篇小说文艺奖金的基金，以奖励每年最优秀的长篇小说。我自知

病将不起，我衷心地祝愿我国社会主义文学事业繁荣昌盛。致最崇高的敬礼！

他用颤抖的手在给党中央的信上签上"沈雁冰"，在给中国作协的信上签上"茅盾"。

1981年3月27日清晨5时55分，茅盾的心脏停止跳动，一代文学巨匠走完自己坎坷而辉煌的85年，撒手人寰，留给我们无穷的精神财富。

茅盾逝世后，举国哀悼，几代作家含泪追思他在中国现代文学史上的丰功伟绩，中共中央决定"恢复他的中国共产党党籍，党龄从1921年算起"。4月10日，党和国家领导人华国锋、邓小平等和首都各界人士约两千人前往北京医院向他的遗体告别。4月11日，在人民大会堂西大厅举行了沈雁冰（茅盾）追悼会，邓小平主持，胡耀邦致悼词。一代巨星以灼热的坚毅划过长空，并以"茅盾文学奖"让后人接续他的遗愿，为推动中国社会文化的不断进步而不懈奋斗！

后　记

　　追踪茅盾先生的一生，获益是多方面的。好的教育，积极进取的心态，务实求真的精神，博闻强记的心性与意志力，坚定的信念，对社会形势及其发展核心问题的判断，谦虚而不失气节的风度，真诚与友爱，情与义，坚忍不拔的作风等等，都给人以生命振奋的力量。他作为伟大的编辑家、文学家、文学评论家，作为鲁迅先生生前的战友、鲁迅先生身后文学界当之无愧的旗手，坚守"五四"精神启蒙与人性觉醒的文化理想，恪守共产主义的社会理想，引领并团结文学界，把中国现代文学不断推向更高更新的阶段，在文化战线上，为中国人民的精神觉醒与民族解放事业做出了巨大贡献，建立了不朽的功勋。茅盾先生是中国现代文人的卓越代表，对中国社会的未来始终抱着坚定的浪漫理想，正是这种理想，支撑着一代代文化人，为中国社会更好的前景前赴后继。

　　茅盾先生传奇的一生堪称文学富矿，处处奇珍闪耀。有幸的是，他晚年亲自撰写了名留青史的回忆录《我走过的道路》。但正如他所酷爱并能背诵的《红楼梦》一样，也是未完成的作品。这位经历了 20 世纪重大历史事件的老人，一生精彩纷呈："回忆过去，凡所见所闻所亲身经历，一时都如断烂影片，呈现脑海。"他在序中自叙："我是有多方面的嗜好的。在学术上也曾读经读史，读诸子百家，也曾学作诗填词。中年稍

经忧患，虽有抱负，早成泡影。不得已而舞文弄墨，当年又有
'避席畏闻文字狱，著书都为稻粱谋'之情势，其不足观，自不
待言。"如此轻描淡写，意不在张扬自己，而在为社会人生及文
学发展的方方面面理清线索。

这次有幸撰写《百年巨匠·茅盾》，我首先要感谢恩师胡
志毅先生的推荐。2019年底，我正在搬家，他打来电话，说第
一个想到的是我。我听到电话，既充满感激，又深感分量之重，
不敢怠慢，我是像对待博士论文一样来写这部书的。但我仍不
敢保证这部传记能有多高的水准！

在写作过程中，感奋于茅盾先生伟大的人格精神，也承蒙
师友的关心与鼓励，全书撰写进展顺利。特别感念的是，我是
个比较随性的人，不大有人生规划，茅盾先生的人生规划意识
很强，让我想起恩师胡志毅先生及师母沈芯屿先生多年来对我
的鼓励和教诲，写作期间，他们还担心我的身体和精力不够，
特意请徐承教授打电话关照询问，令我倍感温暖。朋友徐承多
次与我探讨交流写作思路，让我获益匪浅。幼子好友陈奥鑫的
父亲陈思，以诗人的敏锐，对部分稿件提出有价值的意见，使
我深受启发。三十多年的朋友李均平和唐兵仿不断为我鼓劲，
让我不敢稍怠。中学时的好友陈礼学帮我解决了老家的一些
琐事与困难，使我能够安心写作。绍兴友人李先国教授、潘海
军教授以及庄焕明、杨增莉博士伉俪为我提供了多方面的意见
和帮助。徐雨丝和张文萱同学帮我搜集整理了图片。

课题组陈珂教授为书稿写作提出了指导性思路，既随和亲
切，又谨严有度，陈珂教授平时的文章分享与鼓励，尤其使我
感受到长辈学者的思想风采与精神气度，以及对后辈的仁爱、

包容与激励。丛书主编刘铁巍女士的宽容与支持，从各方面为促成本书出版提供了帮助。制片人李萍萍女士多方联系并提供了帮助，画家李焙戈先生及石明慧女士热情地帮我联系出版社搜集资料，编辑陈博洋先生做了大量细致工作，在此一并感谢！

特别需要感谢的是，茅盾先生的孙子沈韦宁先生授权本书使用珍贵的历史照片，陈星教授为我的乌镇之行作了友好引荐，桐乡市文联主席褚万根先生及文化局副局长吴赟娇女士给予了大力支持，茅盾纪念馆馆长王飞鹏先生对书稿提出宝贵意见，提供了珍贵的历史照片。

致敬茅盾先生！致敬文化战线的师友们！致敬人间情谊！

浙江越秀外国语学院　李友云

2020 年 9 月 12 日

于绍兴镜湖

参考书目

◎ 《茅盾全集》（42卷），黄山书社，2014年。

◎ 《茅盾文集》（10卷），中华工商联合出版社，2015年。

◎ 《茅盾家书》，中华工商联合出版社，2018年。

◎ 茅盾：《我走过的道路》，人民文学出版社，1997年

◎ 茅盾、韦韬：《茅盾回忆录》，华文出版社，2013年。

◎ 韦韬、陈小曼：《我的父亲茅盾》，辽宁人民出版社，2004年。

◎ 韦韬、陈小曼：《父亲茅盾的晚年》，文化艺术出版社，2008年。

◎ 钟桂松：《茅盾评传》，南京大学出版社，2013年。

◎ 邵伯周：《茅盾评传》，四川文艺出版社，1987年。

◎ 李频：《编辑家茅盾评传》，河南大学出版社，1995年。

◎ 金韵琴：《茅盾晚年谈话录》，上海书店出版社，2014年。

◎ 孙中田：《论茅盾的生活与创作》，中华书局，2015年。

◎ 赵笑洁：《抗战中的郭沫若与茅盾：郭沫若与茅盾展览纪实暨学术研讨论集》，当代中国出版社，2016年。

◎ 钱理群、温儒敏、吴福辉：《中国现代文学三十年》（修订本），北京大学出版社，1998年。